बालकृष्ण दोहावली

छन्दकाव्य

श्री बालकृष्ण की अद्भुत लीलाओं की
दोहाबद्ध हिन्दी कविता

Prof. Ratnakar Narale

SANSKRIT HINDI RESEARCH INSTITUTE

Composition : Dr. Ratnakar Narale, Prof. Hindi, Ryerson University, Toronto.
B. Sc. (Nagpur), M. Sc. (Pune), Ph. D. (IIT, Kharagpur), Ph. D. (Kalidas Sanskrit Univ. Nagpur);

web : www.pustak-bharati-canada.com
email : books.india.books@gmail.com
WhatsApp : +1 416 666 6932

Book Title : बालकृष्ण दोहावली, महाकाव्य

प्रस्तुत बाल श्रीकृष्ण दोहावली महाकाव्य सर्वतोपरी दैवी अद्‌भुत लीलाओं से ओतप्रोत भरा हुआ व आध्यात्मिक गहनता से परिपूर्ण, प्रतिभावान और जागतिक इतिहास में अनुपम है. विशेष बात यह कि इस काव्य के दोहे बोलचाल की साधारण सरल हिंदी भाषा में ही रचे गए हैं.

भारतीय संस्कृति का ऐसा कोई भी पहलू नहीं है जो इस अनूठे महाकाव्य में रुचिरता से सन्नद्ध न किया हो. यह काव्य प्रेमियों के लिये दोहाबद्ध विशाल भांडागार है. इसके किसी भी गीत के हारमोनियम स्वर लिपि के लिए लेखक से संपर्क करें.

Sanskrit and Hindi Font : Sarasvati Font Designed and Created by Ratnakar Narale.
Graphics : Ratnakar Narale, Madhavi Borikar

Published by : PUSTAK BHARATI (Books India), for Sanskrit Hindi Research Institute, 180 Torresdale Ave., Toronto, ON, Canada, M2R 3E4.

Copyright © 2019

ISBN 978-1-897416-94-5

ISBN 978-1-897416-94-5
90000
9 781897 416945

© All rights reserved. No part of this book may be copied, reproduced or utilised in any manner or by any means, computerised, e-mail, scanning, photocopying or by recording in any information storage and retrieval system, without the permission in writing from the author.

Author

   Vishva Hindi Samman, Hindu-Ratna Samman and Sarasvati Samman recipient, Prof. Ratnakar Narale has Ph.D. from IIT, Kharagpur and Ph.D. from Kalidas Sanskrit University, Nagpur, India. He is an author and musician. Ratnakar is Prof. of Hindi at Ryerson University, Toronto, Canada. He is living in Toronto since last 50 years.

   He has studied **Sanskrit, Hindi, Marathi, Bengali, Punjabi, Urdu** and **Tamil** languages and has written books for learning these languages. He has written excellent and unique books on Gita, Ramayan, Shivaji and Music. His books can be viewed at **www.books-india.com** and they are available at **amazon.com** and other international book distributors.

   His writings have been applauded by such organizations as the World Hindi Secretariat, Mauritius, Sangit Natak Akademi, New Delhi; Indian Council for Cultural Relations (ICCR), New Delhi; Strings-N-Steps, New Delhi; ATN News Channel, OMNI News Channel, Hindi Times, The Hitwad, The Tarun Bharat, the Lokmat, The Sakal, Des Pardes, Nav Bharat Times, Sahitya Amrit, The Voice, The Indian Express, ... etc.

   He has received citations from some of the most prominent people as, **Hon. Atal Vihari Vajpai,** *Prime Minister of India;* **Hon. Basdeo Panday,** *Prime Minister of Trinidad and Tobaggo;* **Dr. Murli Manohar Joshi,** *Federal HRD Minister of India;* **Ashok Singhal,** *President, VHP, New Delhi;* **Shri Mohan Bhagavat,** *Sarsanghachalak, Rashtriya Swayamsevak Sangh, Nagpur, India,* etc.

   His music compositions are endorsed by such great Indian music Maestros as *Bharat Ratna* **Dr. Ustad Bismillah Khan Trust,** New Delhi; *Padma Vibhushan* **Amjad Ali Khan,** New Delhi; *Padmashri* **Ustad Ghulam Sadiq Khan,** New Delhi; *Music Maestro* **Rashid Mustafa Thirakwa,** New Delhi; *Padmabhushan* **Ustad Sabri Khan,** New Delhi; *Padmabhushan* **Pandit Debu Chaudhuri,** New Delhi; *Pundit* **Birju Mahataj,** New Delhi; etc.

SANSKRIT PRIMER
Primary to Intermediate
Prof. Ratnakar Narale
Ratnakar
Pustak-Bharati
Books-India
SANSKRIT TEACHER
ALL-IN-ONE
For All Levels
Without Transliteration
Prof. Ratnakar Narale
A to Z
REVISED
Ratnakar
Pustak-Bharati
Books-India
SANSKRIT TEACHER
ALL-IN-ONE
For All Levels
With Transliteration
Prof. Ratnakar Narale
A to Z
REVISED
Ratnakar
Pustak-Bharati
Books-India
SANSKRIT GRAMMAR AND REFERENCE BOOK
With transliteration
For All Levels
The Sanskrit Black Book
Prof. Ratnakar Narale
Ratnakar
Pustak-Bharati
Books-India
HINDI TEACHER FOR HINDU CHILDREN
Prof. Ratnakar Narale
Sunita Narale
Ratnakar
Pustak-Bharati
Books-India
HINDI TEACHER
for
English Speaking People
New Enlarged Edition
Prof. Ratnakar Narale
TAMIL TEACHER
With Transliteration & Devanagari
Primary to Intermediate
Self-Tutor
Prof. Ratnakar Narale
Ratnakar
Pustak-Bharati
Books-India
URDU TEACHER
With Transliteration & Devanagari
Primary to Intermediate
Self-Tutor
Prof. Ratnakar Narale
Ratnakar
Pustak-Bharati
Books-India
GURUMUKHI TEACHER
COLOR CODED
Punjabi Gurumukhi
ਪੰਜਾਬੀ ਗੁਰਮੁਖੀ
पंजाबी गुरमुखी
Prof. Ratnakar Narale
Sunita Narale
Learn Bengali
Through English / Hindi
With Transliteration & Devanagari
Ratnakar Narale
Self-Tutor
Learn Gujrati
Through English / Hindi
With Transliteration & Devanagari
Ratnakar Narale
Self-Tutor
Learn Marathi
Through English / Hindi
With Transliteration & Devanagari
Ratnakar Narale
Self-Tutor
GITA AS SHE IS
In Krishna's Own Words
Ratnakar
Gita ka Shabdakosh
Grammatical Dictionary of the Gita
गीता का शब्दकोश
और अनुक्रमणी
New Edition
Prof. Ratnakar Narale
रत्नाकर रचित
गीतोपनिषद्
संस्कृत-हिंदी
Gitopanishad
Sanskrit-Hindi
Prof. Ratnakar Narale
Yoga-Sūtras of Patañjali,
Made Easy
Body Mind & Soul
Prof. Ratnakar Narale
मेरे भजन
MERE BHAJAN
With English Transliteration and Meaning
VOLUME 1
Ratnakar
SANSKRIT HINDI RESEARCH INSTITUTE
Learn Hindi
Through English Medium
IN 20 EASY STEPS
Hindi Level I
Ratnakar Narale
FLIPPED
ENGLISH DICTIONARY
NEW EDITION
Prof. Ratnakar Narale
Pustak-Bharati
Books-India
सविस्तार
हिंदी गीता

दादरा ताल

♫ म-ग म-म- म प-म- ग म-प-, रे-ग म-म- मध- प- मग-म- ।
रे-गमम म- म ध-प- गम-प-, रे-गम-म-मध- प- मग-रे- ।।

गीत शारद ने मंजुल है गाया, साज नारद मुनि ने बजाया ।
रत्नाकर से है मंगल रचाया, कृष्णदोहावली को सजाया ।।

Dedicated to
Our loving Grandchildren
Samay, Sahas, Saanjh, Saaya, Naksh and Nyra
(July 03, 2018)

Nirmala Armstrong
Regional Councillor

October 18th, 2017

Dr. Ratnakar Narale
Hindu Institute of Learning
2411 Dundas Street West
Toronto, Ontario
M6P1X3

HINDU-RATNA AWARD

Dear Dr. Narale,

As a Regional Councillor for the City of Markham and a Honourary Co-Chair of the Markham Hindu Heritage Month Committee, it is my pleasure to request your presence at the Markham Hindu Heritage Month Celebrations and to inform you that you have been selected to receive a "Hindu Ratna Award" on the day of this event.

This event has been organized by members of the Hindu Canadian Community who formed the Markham Hindu Heritage Month Committee in partnership with the City of Markham. As such, this event will commemorate the proclamation that was made by the Markham City Council on December 12, 2016. On this day, a motion was passed to proclaim the month of November as Hindu Heritage Month in the City of Markham. This proclamation goes on to recognize the many ways that Hindu Canadians have contributed to Markham's growth and success and reaffirms the city's commitment to celebrating Markham's diversity.

During this event, the 'Hindu Ratna Award' will be graciously presented to you for your service to the Hindu Canadian Community. Please do inform whether you will be able to attend this event to receive your award in person.

Event: Hindu Heritage Month Celebrations - "Come Celebrate with us Hindu Heritage Month"

Date: November 12th, 2017

Time: 5:00 pm – 7:30 pm

Location: Markham Civic Centre, 101 Town Centre Blvd., Markham ON L3R 9W3

Sincerely,

Nirmala Armstrong
Regional Councillor

विश्व हिन्दी सम्मेलन
मॉरीशस
18-20 अगस्त, 2018

उद्धरण

डॉ. रत्नाकर नराले
कनाडा

डॉ. रत्नाकर नराले का जन्म 11 सितंबर 1942 को नागपुर, भारत में हुआ था। आपने नागपुर से स्नातक, पुणे विश्वविद्यालय से स्नातकोत्तर की डिग्री प्राप्त की है। आप रायर्सन विश्वविद्यालय, टोरंटो में हिंदी के प्रोफेसर हैं।

कई भाषाओं के ज्ञाता नराले की संगीत श्री रामायण, संगीत श्रीकृष्णायन, संगीत गीता दोहावली, गीता का शब्दकोष और अनुक्रमणी, गीता दर्शन इत्यादि कई पुस्तकें प्रकाशित हुई हैं। आपने भारत से बाहर विदेशों में प्रवासी भारतीयों और मॉरीशस, ट्रिनिदाद टोबैगो, गुयाना, सुरीनाम, फिजी इत्यादि देशों में भारतीय मूल के अंग्रेजी भाषी लोगों में हिंदी व भारतीय संस्कृति के प्रसार का दायित्व अपने ऊपर लिया।

आपको वर्ष 2017 में कनाडा के 150वीं जयंती महोत्सव पर हिंदी रत्न पुरस्कार से सम्मानित किया गया है।

हिंदी की सेवा में आपके उत्कृष्ट कार्यों के लिए आपको विश्व हिंदी सम्मान से सम्मानित किया जाता है

ॐ अखिल विश्व हिन्दी समिति

Akhil Vishva Hindi Samiti

Phone: 416 505 8873, info@AkhilVishvaHindiSamiti.com
44 Barford Road, Toronto, On., M9W 4H4,Canada
www.AkhilVishvaHindiSamiti.com

श्री रत्नाकर नराले

को

कला पारिधि

सम्मान प्रदान कर स्वयं को गौरवान्वित अनुभव करती है।

शुभ कामनाओं सहित

गोपाल बघेल 'मधु', अध्यक्ष

वार्षिक 'विश्व कवि सम्मेलन'
१५ नवम्बर, २०१४ शनिवार

आमुख

संगीतसंयुता हृद्या छन्दोरागैरलंकृता ।
ईदृक्षी कविता विश्वे न भूता न भविष्यति ।।

हरि ओम्

बृहत्काव्यं महाकाव्यमिति वदन्त्यपण्डिताः । अष्टसर्गरसक्लृप्तं वदन्ति काव्यपण्डिताः ।। काव्य बड़ा दोने से ही महाकाव्य नहीं हो जाता. कम से कम आठ सर्गों से युक्त; जिसमें वीर, शृंगार या शांत रस प्रधान हो; और जिसका नायक कोई देव-देवता, राजा अथवा गुणसंपन्न धीरोदात्त वीर हो वही काव्य महाकाव्य होता है. प्रस्तुत बाल श्रीकृष्ण दोहावली महाकाव्य सर्वतोपरी दैवी अद्भुत लीलाओं से ओतप्रोत भरा हुआ व आध्यात्मिक गहनता से परिपूर्ण, प्रतिभावान और जागतिक इतिहास में अनुपम है. विशेष बात यह कि इस काव्य के दोहे बोलचाल की साधारण सरल हिंदी भाषा में ही रचे गए हैं.

भारतीय संस्कृति का ऐसा कोई भी पहलू नहीं है जो इस अनूठे महाकाव्य में रुचिरता से सन्नद्ध न किया हो. यह केवल काव्य मात्र ही नही बल्कि यह गंभीर संशोधन से भरा हुआ शोधप्रबंध भी है. यह काव्य प्रेमियों के लिये दोहाबद्ध ऐसा विशाल भांडागार है जैसा अन्य कहीं भी दुर्मिल है. यह महान ग्रंथ लेखक की काव्य तपस्या व साधना है.

बाल कृष्ण दोहावली कथा अनुक्रम

मंगलाचरण (Page 2)
दोहा छंद की व्याख्या (Page 4)

1. श्री गणेश वन्दना (Page 10)
2. श्री सरस्वती वन्दना (Page 14)
3. श्री कृष्ण वन्दना (Page 21)
4. श्री राधे रानी वन्दना (Page 24)
5. देवर्षि मुनिवर श्री नारद वन्दना (Page 26)
6. रत्नाकर (Page 30)

सर्ग

1. पार्श्वभूमिका, राजा अग्रसेन की कथा (Page 39)
2. नारद जी की कथा (Page 42)
3. दुष्ट कंस की कथा (Page 54)
4. श्री कृष्ण-जन्म की कथा (Page 60)
5. मायाविनी पूतना की कथा (Page 79)
6. मायावी राक्षस तृणावर्त की कथा (Page 87)
7. ब्रह्माण्ड दर्शन की कथा (Page 95)
8. माखन चोरी की कथा (Page 100)
9. कृष्ण भयो गोपाल की कथा (Page 109)
10. गोपियों की शिकायत की कथा (Page 113)
11. अर्जुन वृक्ष की कथा (Page 119)
12. मायावी वत्सासुर की कथा (Page 123)
13. वृंदावन गमन की कथा (Page 133)
14. राधा के जनम-दिन की कथा (Page 138)
15. वृंदावन में होली की कथा (Page 151)
16. बालकिशन के उपनयन की कथा (Page 159)
17. मायावी बकासुर की कथा (Page 166)
18. मायावी अघासुर की कथा (Page 175)

बालकृष्ण दोहावली

महाकाव्य

श्री बालकृष्ण की लीलाओं की गीत मय कविता ।

मंगलाचरण

✍ दोहा॰ नमन करूँ परमातमा, परम ब्रह्म भगवान ।
गायत्री की वन्दना, मस्तक टेक प्रणाम ।।

पुरुष-प्रकृति को मेरा, साष्टांग नमस्कार ।
भोले शंकर पार्वती! करिए मम उद्धार ।।

लक्ष्मी नारायण प्रभो! शेषशायी भगवान ।
पद्मनाभ लक्ष्मीश के, गाऊँ कीर्तन गान ।।

शिवनंदन श्री गणपति, गणेश श्री गणनाथ ।
सरस्वती माँ शारदे! जोडूँ दोनों हाथ ।।

जनक नंदिनी जानकी, दशरथ सुत रघुनाथ ।
मनहर राधा कृष्ण को, नमन हृदय के साथ ।।

अर्जुन, भीम प्रवीर को, और युधिष्ठिर भ्रात ।
यशोदा-नंदनंदिनी! प्रणाम तुमको, मात! ।।

विश्ववृक्ष अश्वत्थ तू, अद्भुत दैवी रूप ।
विश्वरूप श्रीकृष्ण जी! पूजूँ मैं, सुरभूप! ।।

देव-देवता सर्व ही, गुरुजन जितने ज्ञात ।
मात-पिता मम पूज्य के, चरणन में प्रणिपात ।।

नमो नमः प्रभु इंद्र को, वरुण देव! सम्मान ।
धन्य कियो पितु मातु को, राम भक्त हनुमान ।।

वन्दे पावक-देवता, अंतरिक्ष आकाश ।
धरती जगमाता तथा, नवग्रह दिव्य प्रकाश ।।

पँच भूत को धीमहि, तीन गुणों को और ।

सर्व भूतगण भूमि के, वनस्पति सब ओर ।।

गिरि सरिता सागर मही, नमामि तन मन जोड़ ।
सूर्य चंद्र तारे सभी, बिना किसी को छोड़ ।।

उपनिषदों को ध्याऊँ मैं, वैदिक ज्ञान प्रमाण ।
देवर्षि नारद मुनि, त्रिभुवन में रममाण ।।

तीन-मुखी गुरु दत्त श्री, सुर सेनापति स्कंद ।
सुभक्त ध्रुव प्रह्लाद को, स्मरण करूँ सह छंद ।।

गुरु पाणिनि पातंजलि, दीन्हा मुझको ज्ञान ।
यास्क पिंगल से मुझे, मिला छंद अभिधान ।।

व्यास बाल्मीक मम गुरो! तुम्हीं सच्चिदानंद ।
काव्य ज्ञान के स्रोत हैं, तुलसी रामानंद ।।

जय भारत संतान वे, शिवा प्रताप महान ।
लक्ष्मी के बलिदान ने, दिया हमें अभिमान ।।

आदि शंकराचार्य श्री, नमन वल्लभाचार्य ।
रामानुज माधव तथा, यमुना वरदाचार्य! ।।

मीरा ने कीर्तन दिए, कविता ब्रह्मानंद ।
योग विवेकानंद ने, बरणन सत्यानंद ।।

ऋषि-मुनि योगी संत को, हिरदय अपना वार ।
ज्ञानी ध्यानी सकल कों, वन्दन बारंबार ।।

कवि लेखक जन सर्व को, सुहृद जन प्रत्येक ।
मिली है जिनसे प्रेरणा, वन्दन घुटने टेक ।।

✍ दोहा छंद की व्याख्या

♫ बाल कृष्ण दोहावली छन्दमाला, मोती 1

दोहा छन्द

8 + ऽ।ऽ + 7 + ।ऽ।

भक्ति काव्य का छन्द ये, मीठा बहुत सुहाय ।

तेरह-ग्यारह मत्त का, 'दोहा' इति कहलाय ।।

♫ सा-सा सा-सा सा- रे-ग म-, प-प- धपम गम-म ।

सा-सासा रे-रेरे ग-पम-, प-प धप मगम-म ।।

✍ **दोहा छन्द :** (दोग्धि चिन्तामिति दोहा:) दोहा शब्द संस्कृत √दुह् धातु से बना है । यह एक 24 मात्रा का मात्रिक छन्द है । श्लोक के समान इसमें भी चार चरण होते हैं और यह भी अर्धसम छन्द है । **मात्रा को मत्त, मत्ता, कल अथवा कला भी कहते हैं** ।

विशेष यह कि, दोहे में : (1) विषम चरणों की 13 कल, मत्त अथवा मात्राएँ होती हैं । अंतिम वर्ण दीर्घ होता है । (2) सम चरणों की 11 मात्राएँ होती हैं । अंतिम वर्ण लघु होता है । (3) विषम चरणों के अंत में ज गण (।ऽ।) नहीं आना चाहिये । (4) सम चरण के अंत में ज गण (।ऽ।) और विषम चरण के अंत में र गण (ऽ।ऽ) उत्तम होता है । (5) अन्य वर्णों के लिए मात्रिक बन्धन नहीं है । इस मात्रिक स्वातंत्र्य के कारण दोहों में विविध चालें प्राप्त होतीं हैं । दोहों में लिखी कविताओं के पदों में इस गण-विविधता के कारण इस छन्द की विस्तृततम रचना भी उकतावनी नहीं होती है । (6) किसी भी केवल एक ही मात्राक्रम में कविता के सभी दोहे नहीं लिखे जाते ।

दोहा : 13 + 11 मात्रा, **दोही** 15 + 11 मात्रा

दोहे में पद 1, 3 के अंत में ज (0 – 0) नहीं हो. अंत में स (0 0 –), र (– 0 –) अथवा न (0 0 0) पड़े. पद 2, 4 के अंत में लघु हो. ज गण (0 – 0) अच्छा, अथवा त (– – 0) पड़े.

सम कल के आगे सम कल और विषम कल के आगे विषम कल

अत: 1, 3 के आदि में ज (0 – 0) नहीं हो, वरना वह **चंडालिनी छंद** होगा.

दोहा (13, 11) मात्रा का होता है. उससे उल्टा (11, 13) मात्रा का **सोरठ** छंद है ।

दोहा छंद के 23 प्रकार

(कोई भी श्रेष्ठ काव्य वाङ्मय केवल एक ही छंद में नही लिखा जाता)

(दोहा = 48 = 13, 11 + 13, 11 मात्रा)

1.	22 गुरु	+	4 लघु	=	भ्रमर दोहा छंद
2.	21 गुरु	+	6 लघु	=	सुभ्रमर दोहा छंद
3.	20 गुरु	+	8 लघु	=	शस्त्र दोहा छंद
4.	19 गुरु	+	10 लघु	=	श्येन दोहा छंद
5.	18 गुरु	+	12 लघु	=	मंडुक दोहा छंद
6.	17 गुरु	+	14 लघु	=	मर्कट दोहा छंद
7.	16 गुरु	+	16 लघु	=	करभ दोहा छंद
8.	15 गुरु	+	18 लघु	=	नर दोहा छंद
9.	14 गुरु	+	20 लघु	=	हंस दोहा छंद
10.	13 गुरु	+	22 लघु	=	मदुकल दोहा छंद
11.	22 गुरु	+	24 लघु	=	पयोधर दोहा छंद
12.	22 गुरु	+	26 लघु	=	चल दोहा छंद
13.	22 गुरु	+	28 लघु	=	वानर दोहा छंद
14.	22 गुरु	+	30 लघु	=	त्रिकल दोहा छंद
15.	22 गुरु	+	32 लघु	=	कच्छप दोहा छंद
16.	22 गुरु	+	34 लघु	=	मच्छ दोहा छंद
17.	22 गुरु	+	36 लघु	=	शार्दूल दोहा छंद
18.	22 गुरु	+	38 लघु	=	अहिधर दोहा छंद
19.	22 गुरु	+	40 लघु	=	व्याल दोहा छंद
20.	22 गुरु	+	42 लघु	=	बिडाल दोहा छंद
21.	22 गुरु	+	44 लघु	=	श्वान दोहा छंद
22.	22 गुरु	+	46 लघु	=	उदर दोहा छंद
23.	22 गुरु	+	48 लघु	=	सर्प दोहा छंद

अवतरणिका

दोहा॰ श्रीगणेश अब मैं करूँ, भज कर गणेश ईश ।
गायत्री की वन्दना, मस्तक टेक प्रणाम ।।

पुरुष-प्रकृति को मेरा, साष्टांग नमस्कार ।
भोले शंकर पार्वती! करिए मम उद्धार ।।

लक्ष्मी नारायण प्रभो! शेषशायी भगवान ।
पद्मनाभ लक्ष्मीश के, गाऊँ कीर्तन गान ।।

शिवनंदन श्री गणपति, गणेश श्री गणनाथ ।
सरस्वती माँ शारदे! जोड़ूँ दोनों हाथ ।।

जनक नंदिनी जानकी, दशरथ सुत रघुनाथ ।
मनहर राधा कृष्ण को, नमन हृदय के साथ ।।

अर्जुन, भीम प्रवीर को, और युधिष्ठिर भ्रात ।
यशोदा-नंदनंदिनी! प्रणाम तुमको, मात! ।।

विश्ववृक्ष अश्वत्थ तू, अद्भुत दैवी रूप ।
विश्वरूप श्रीकृष्ण जी! पूजूँ मैं, सुरभूप! ।।

देव-देवता सर्व ही, गुरुजन जितने ज्ञात ।
मात-पिता मम पूज्य के, चरणन में प्रणिपात ।।

नमो नमः प्रभु इंद्र को, वरुण देव! सम्मान ।
धन्य कियो पितु मातु को, राम भक्त हनुमान ।।

वन्दे पावक-देवता, अंतरिक्ष आकाश ।

धरती जगमाता तथा, नवग्रह दिव्य प्रकाश ।।

पँच भूत को धीमहि, तीन गुणों को और ।
सर्व भूतगण भूमि के, वनस्पति सब ओर ।।

गिरि सरिता सागर मही, नमामि तन मन जोड़ ।
सूर्य चंद्र तारे सभी, बिना किसी को छोड़ ।।

उपनिषदों को ध्याऊँ मैं, वैदिक ज्ञान प्रमाण ।
देवर्षि नारद मुनि, त्रिभुवन में रममाण ।।

तीन-मुखी गुरु दत्त श्री, सुर सेनापति स्कंद ।
सुभक्त ध्रुव प्रह्लाद को, स्मरण करूँ सह छंद ।।

गुरु पाणिनि पातंजलि, दीन्हा मुझको ज्ञान ।
यास्क पिंगल से मुझे, मिला छंद अभिधान ।।

व्यास बाल्मीक मम गुरो! तुम्हीं सच्चिदानंद ।
काव्य ज्ञान के स्त्रोत हैं, तुलसी रामानंद ।।

जय भारत संतान वे, शिवा प्रताप महान ।
लक्ष्मी के बलिदान ने, दिया हमें अभिमान ।।

आदि शंकराचार्य श्री, नमन वल्लभाचार्य ।
रामानुज माधव तथा, यमुना वरदाचार्य! ।।

मीरा ने कीर्तन दिए, कविता ब्रह्मानंद ।
योग विवेकानंद ने, बरणन सत्यानंद ।।

ऋषि-मुनि योगी संत को, हिरदय अपना वार ।
ज्ञानी ध्यानी सकल कों, वन्दन बारंबार ।।

कवि लेखक जन सर्व को, सुहृद जन प्रत्येक ।
मिली है जिनसे प्रेरणा, वन्दन घुटने टेक ।।

।। हरि ॐ तत् सत् ।।

श्लोक:

प्रीत्या च श्रद्धया वन्दे गणेशं स्वरदां गुरुम् ।
धियं प्राप्तुं स्वरं प्राप्तुं कृपामाप्तुं भजाम्यहम् ।।

नंद किशोर दोहावली छन्दमाला, मोती 2

मन्दारमाला-छन्दः[1]

ऽ ऽ।, ऽ ऽ।, ऽ ऽ।, ऽ ऽ।, ऽ ऽ।, ऽ ऽ।, ऽ ऽ।, ऽ

(मंगलाचरणम्)

वन्दे शिवं पार्वतीवल्लभं नीलकण्ठं हरं मङ्गलं शङ्करम् ।। 1
लम्बोदरं पीतपीताम्बरं चण्डिकानन्दनं श्रीगणेशं शुभम् ।। 2
कादम्बरीं ज्ञानदेवीं भजे भारतीं वैखरीं शारदामातरम् ।। 3
राधावरं कृष्णगोवर्धनं माधवं केशवं श्यामलं सुन्दरम् ।। 4
सीतापतिं रामभद्रं हरिं रामचन्द्रं रघुं जानकीवल्लभम् ।। 5
वातात्मजं मारुतिं व्यङ्कटं रुद्ररूपं कपिं रामदूतं वरम् ।। 6

दोहा॰ **श्रीगणेश अब मैं करूँ, भज कर गणेश ईश ।**
सरस्वती शिव पार्वती, राघव कृष्ण कपीश ।।

[1] **मन्दारमाला छन्द :** इस 22 वर्ण, 37 मात्रा वाले छन्द के चरण में सात त गण और एक गुरु वर्ण आता है । इसका लक्षण सूत्र ऽ ऽ।, ऽ ऽ।, ऽ ऽ।, ऽ ऽ।, ऽ ऽ।, ऽ ऽ।, ऽ ऽ।, ऽ इस प्रकार है । इसके 4, 10, 16, 22 वर्ण पर यति विकल्प से आता है ।

▶ लक्षण गीत : **दोहा॰ मत्त सैंतीस का बना, गुरु कल से हो अंत ।**
"मंदारमाला" कहा, सप्त स गण का छंद ।।

1. Prayers to Lord Ganesh

1. श्री गणेश सिद्धि विनायक वन्दना :

1. Prayers to Lord Ganesh

♪ नंद किशोर दोहावली छन्दमाला, मोती 3

नन्दन–छन्द:[2]

।।।, ।ऽ।, ऽ।।, ।ऽ।, ऽ।ऽ, ऽ।ऽ

(श्री गणेश)

शिवसुत! हे प्रभो! सफलतां गुणं यशो देहि माम् ।
गजमुख! धीपते! गणपते! विभो! विधे! पाहि माम् ।। 1
भव मम रक्षको गजपते! गणेश! विघ्नेश! त्वम् ।
अघहर सर्वदा करुणया हि सङ्कटात्त्राहि माम् ।। 2

[2] **नंदन छन्द** : इस 18 वर्ण, 25 मात्रा वाले अंत्यष्टि छन्द के चरणों में न ज भ ज र र गण आते हैं । इसका लक्षण सूत्र ।।।, ।ऽ।, ऽ।।, ।ऽ।, ऽ।ऽ, ऽ।ऽ इस प्रकार होता है । विराम 11–7 पर विकल्प से होता है । प्रस्तुत पद्य सारेगरे प–मंग– धपमंग– पमं–गरे– ग–रेसा– इस प्रकार से गाया बजाया जा सकता है ।

▶ लक्षण गीत : ✍ **दोहा० मत्त पच्चीस का बना, न ज भ ज र र गण वृंद ।**
ग्यारह अक्षर पर यति, जानो "नंदन" छंद ।।

1. Prayers to Lord Ganesh

बाल कृष्ण दोहावली गीतमाला, पुष्प 1

खयाल : राग यमन,[3] तीन ताल 16 मात्रा

(श्री गणेश वन्दना)

स्थायी

मंगल वन्दन सुमिरण प्यारे, सुखकर गान गणेश तुम्हारे ।

अंतरा–1

गणपति बाप्पा परम पियारे, गण नायक विघ्नेश दुलारे ।

अंतरा–2

निहार सुंदर काम सुखारे, भगतन आते चरण तिहारे ।

दोहा॰ **वन्दे गणपति शारदा! जय गुरु! जय भगवान्! ।**
भक्ति बुद्धि देना मुझे, स्वर किरपा वरदान ।।

दया क्षमा मन में रहें, धीरज धरूँ अपार ।
श्रद्धा विद्या विनय हों, सदाचार व्यवहार ।।

सदा रहूँ मैं शरण में, स्मरण करूँ दिन–रात ।
मरण मुझे देना, प्रभो! परम शाँति के साथ ।।

(चौपाई)

गणेश स्वरदा लक्ष्मी रमणा, अज[4] शिव मातु पिता गुरु चरणा ।
वन्दे विद्या श्रद्धा ग्रहणा, विनय अर्जना भव भय तरणा ।।

गहूँ सदा ही तुमरे स्मरणा, रहूँ सदा ही तुमरी शरणा ।
क्षमा दया धृति हो आभरणा, दीजो प्रभु मम सुख से मरणा ।।

---

[3] **राग यमन** : यह कल्याण ठाठ का राग है । इसका आरोह है : ऩि रे ग मं प ध नि सां । अवरोह : सां नि ध प मं ग रे सा ।

▶ लक्षण गीत : दोहा॰ **विद्यमान सुर सात ही, तिव्र म स्वर हो प्राय ।**
वादी ग नि संवाद का, राग "यमन" कहलाय ।।

[4] **अज** = ब्रह्म ।

1. Prayers to Lord Ganesh

बाल कृष्ण दोहावली गीतमाला, पुष्प 2

(गणेशवन्दना)

ॐ श्लोका:

शतवारमहं वन्दे लम्बतुण्डिं गणेश्वरम् ।
एकदन्तं च हेरम्बं चारुकर्णं गजाननम् ।।

गं गं गं गं गणेशं श्रीं चतुर्बाहुं महोदरम् ।
विश्वमूर्तिं महाबुद्धिं वरेण्यं गिरिजासुतम् ।।

गणपतिं परब्रह्म शूर्पकर्णं करीमुखम् ।
पशुपतिमुमापुत्रं लम्बोदरं गणाधिपम् ।।

हस्तिमुखं महाकायं ढुण्ढिं सिद्धिविनायकम् ।
वक्रतुण्डं चिदानन्दम्-आम्बिकेयं द्विमातृजम् ।।

महाहनुं विरूपाक्षं ह्रस्वनेत्रं शशिप्रभम् ।
पीताम्बरं शिवानन्दं देवदेवं शुभाननम् ।।

सर्वमङ्लमाङ्ल्यं प्रभुं मूषकवाहनम् ।
ऋद्धिसिद्धिप्रदातारं विघ्नहरं विनायकम् ।।

जगदीशं शिवापुत्रम्-आदिनाथं क्षमाकरम् ।
अनन्तं निर्गुणं वन्द्यं यशस्करं परात्परम् ।।

गौरीपुत्रं गणाधीशं गजवक्त्रं कृपाकरम् ।
भालचन्द्रं शिवाऽऽनन्दं पार्वतीनन्दनं भजे ।।

आदिपूज्यं शुभारम्भं ज्ञानेशं मोदकप्रियम् ।
प्रातः सायमहं वन्दे गणेशं च सरस्वतीम् ।।

प्राप्तुं ज्ञानं युवाभ्याञ्च विद्यां भाग्यं शुभान्वरान् ।
नमस्कृत्य कृताञ्जलिः-रत्नाकरो भजाम्यहम् ।।

1. Prayers to Lord Ganesh

 बाल कृष्ण दोहावली गीतमाला, पुष्प 3

कीर्तन : राग खमाज,[5] कहरवा ताल 8 मात्रा

(गणपति देवा)

❁ श्लोक:

गजानन: कलादेवो नृत्यसंगीतशिल्पक: ।

ददाति स कलाधीश: ज्ञानं बुद्धिं च कौशलम् ।।

स्थायी

गणपति गणपति गणपति देवा! कोई लाए मोदक कोई लाए मेवा ।।

अंतरा–1

गणपति गणपति गणपति देवा! कोई करे भगति तो कोई करे सेवा ।

अंतरा–2

भजनन किरतन बहुविध देवा! लंबोदर लंबोदर लंबोदर देवा! ।

अंतरा–3

मुनि जन करियत जप–तप सेवा, गजमुख गजमुख गजमुख देवा! ।

अंतरा–4

अर्पण सब तव चरणन देवा! गौरीसुत गौरीसुत गौरीसुत देवा! ।

---

[5] 🎼 **राग खमाज** : यह खमाज ठाठ का अति प्रचलित राग है । इसका आरोह है : सा ग म प, ध नि सां ।
अवरोह : सां नि ध प, म ग, रे सा । अवरोही कोमल नि इस राग की विशेषता है ।

▶ लक्षण गीत : ✍ दोहा॰ आरोही रे वर्ज्य हो, वादी ग नि संवाद ।
"खमाज" के अवरोह में, कोमल रहे निषाद ।।

जो षाडव–संपूर्ण है, सुर शृंगारप्रधान ।
देत नाम "कांबोज" हैं, जिन्हें राग का ज्ञान ।।

2. Prayers to Goddess Sarasvati

<u>बाल कृष्ण दोहावली गीतमाला, पुष्प 4</u>

राग मालकंस,[6] कहरवा ताल 8 मात्रा

(गणेश वन्दना)

स्थायी

स्वरदा ने मंजुल गाया है, नारद ने साज बजाया है ।
रतनाकर गीत सजाया है ।।

अंतरा–1

तू ही बुद्धि का बल दाता, तू ही ज्ञान का सोता है ।
तू ही ऋद्धि सिद्धि धाता, तूने भाग्य जगाया है ।।

अंतरा–2

तू ही हमरा गुरु अरु माता, तू ही विश्व विधाता है ।
विघ्न विनाशक मंगलकारी, तू गणनायक भाया है ।।

अंतरा–3

तू माथे की रेखा लिखता, तू भगतन को दिखता है ।
आदि देव तू! चिदानंद तू! जग तेरी किरती गाया है ।।

2. श्री सरस्वती ज्ञानदेवी वन्दना :

2. Prayers to Goddess Sarasvati

<u>बाल कृष्ण दोहावली छन्दमाला, मोती 4</u>

चित्र छन्द[7]

---

[6] **राग मालकंस** : यह भैरवी ठाठ का बहुत लोकप्रिय राग है । इसका आरोह है : सा <u>ग</u> म, <u>ध</u> <u>नि</u> सां । अवरोह : सां <u>नि</u> <u>ध</u> म, <u>ग</u> म <u>ग</u> सा ।

▶ लक्षण गीत : **दोहा॰ कोमल ग ध नि, वर्ज्य प रे, सुंदर स्वर जंजीर ।**
म सा वादि संवाद का, "मालकंस" गंभीर ।।

[7] **चित्र छन्द** : इस 16 वर्ण, 25 मात्रा वाले अष्टि छन्द के चरणों में र ज र ज र गण और एक गुरु आता है । इसका लक्षण सूत्र ऽ।ऽ, ।ऽ।, ऽ।ऽ, ।ऽ।, ऽ।ऽ, ऽ इस प्रकार है । विराम पदान्त होता है ।

▶ लक्षण गीत : **दोहा॰ मत्त पच्चीस का जहाँ, गुरु मात्रा से अंत ।**

2. Prayers to Goddess Sarasvati

ऽ । ऽ, । ऽ ।, ऽ । ऽ, । ऽ ।, ऽ । ऽ, ऽ

(शारदा वन्दना)

छन्ददायिनी सरोजपाणि ध्यानगम्य देवी! ।
राग अर्पिणी सुभाषभाषिणी पवित्र माई! ।। 1
ज्ञान देवते कलाप्रसारिणी! सदा तृपा हो ।
श्वेतवस्त्रधारिणी, अरी! सरस्वती! कृपा हो ।। 2

<u>बाल कृष्ण दोहावली गीतमाला, पुष्प 5</u>

देवी सरस्वती ज्ञान दो, हमको परम स्वर गान दो ।
हमरा अमर अभिधान हो, माँ शारदा वरदान दो ।। दे०

अंतरा-1

तुमरी करें हम आरती, तुमरे ही सुत हम भारती,
तुमरे ही सुत हम भारती ।
सब विश्व का कल्याण हो, माँ शारदे वरदान दो ।। दे०

अंतरा-2

तुम ही हो बुद्धि दायिनी, तुम ही महा सुख कारिणी ।
तुम ही गुणों की खान हो, माँ शारदे वरदान दो ।। दे०

अंतरा-3

तुमरी कृपा से काम हो, जग में न हम नाकाम हों ।
हमको न कभी अभिमान हो, माँ शारदे वरदान दो ।। दे०

अंतरा-4

तुम हो कला की देवता, देवी हमें दो योग्यता ।
हमको हुनर परिधान हो, माँ शारदे वरदान दो ।।
माँ शारदे वरदान दो, माँ शारदे वरदान दो, माँ शारदे वरदान दो ।। दे०

श्लोकौ

सरस्वति नमस्तुभ्यं देवि मे हर मूढताम् ।
अहर्निशं च मां पाहि कुरु मे सर्वमङ्लम् ।।

जहाँ र ज र ज र शृंखला, वहीं “चित्र” है छंद ।।

2. Prayers to Goddess Sarasvati

रचितुं काव्यसङ्गीतं चरितं कृष्णरामयो: ।
बुद्धिं देहि च भाग्यं मे सिद्धिं मां देहि शारदे ।।

✍ दोहा॰

विद्या राणी शारदा! तेरा जय जयकार ।
मम जीवन पर सर्वथा, तेरा ही अधिकार ।।

सविनय सभक्ति ज्ञान से, शारद पूजित होय ।
अविनय निष्फल शान का, रहे मूल्य ना कोय ।।

नमन करूँ मैं, शारदे! आकर तेरे द्वार ।
नष्ट करो मम मूढ़ता, मन में दो सुविचार ।।

कला मुझे दो, देवता! छंद राग का ज्ञान ।
राम-कृष्ण के चरित के, लिखूँ सुमंगल गान ।।

🌹 बाल कृष्ण दोहावली गीतमाला, पुष्प 6

आरती : राग खमाज, कहरवा ताल 8 मात्रा

(स्वरदा वन्दना)

स्थायी

जै जै स्वरदा माता । देवी स्मरण तेरा भाता ।
दरशन तुमरे सुंदर । सुमिरन तुमरे मंगल ।
चाहे सब ध्याता । ॐ जै सरस्वती माता ।।

अंतरा-1

जो आवे गुण पाने । ध्यान लगाने का ।
देवी ज्ञान बढ़ाने का ।
तेरे दर पर पावे । झोली भर कर जावे ।
ध्येय सफल उसका । ॐ जै सरस्वती माता ।।

अंतरा-2

जो आवे सुर पाने । गान बजाने का ।
देवी तान सजाने का ।
संगित नृत्य सिखाने । नाट्य कला को दिखाने ।
मार्ग सरल उसका । ॐ जै सरस्वती माता ।।

अंतरा–3

जो प्यासा है कला का । चित्राकारी का ।
देवी शिल्पाकारी का ।
चौंसठ सारी कलाएँ । विद्या अष्ट लीलाएँ ।
साध्य सकल उसका । ॐ जै सरस्वती माता ।।

अंतरा–4

जो कवि गायक लेखक । वाङ्मय विरचेता ।
देवी सरगम रचयेता ।
साहित्य साधन पावे । बुद्धि का धन आवे ।
हेतु सबल उसका । ॐ जै सरस्वती माता ।।

अंतरा–5

शुभ्र वसन नथ माला । काजल का तिल काला ।
देवी हाथ कमल नीला ।
केयुर कंठी छल्ला । गजरा कुंदन ड़ाला ।
मुकुट है नग वाला । ॐ जै सरस्वती माता ।।

अंतरा–6

नारद किन्नर शंकर । तुमरे गुण गाते ।
देवी तुमरे ऋण ध्याते ।
भगत जो शरण में आता । भजन ये तुमरे गाता ।
मोक्ष अटल उसका । जै जै सरस्वती माता ।।

♪ <u>**बाल कृष्ण दोहावली छन्दमाला, मोती 5**</u>

गीता छन्द[8]

।। S, । S ।, । S ।, S ।।, S । S, ।। S, । S

(शारदा प्रार्थना)

---

[8] **गीता छन्द :** इस 20 वर्ण, 28 मात्रा वाले छन्द में स ज ज भ र स गण और एक लघु तथा एक गुरु वर्ण आता है । इसका लक्षण सूत्र ।। S, । S ।, । S ।, S ।।, S । S, ।। S, । S इस प्रकार होता है । इसमें 5-12-20 पर वैकल्पिक विराम होता है ।

▶ लक्षण गीत : ✍ **दोहा॰ मात्रा अट्ठाईस में, स ज ज भ र स गण वृंद ।**
लघु गुरु मात्रा अंत का, पावन “गीता” छंद ।।

3. Obeisance to Hindi language

वरदान दे स्वरदे! कृपा कर, वन्दना मम, ज्ञानदे ! ।
सब काम हो यशमान, हार्दिक याचना मम, ज्ञान दे ।। 1
वरदे! हमें कमनीय उज्ज्वल विश्व में अभिधान हो ।
मम मातृ भारत भूमि का, हमको सदा अभिमान हो ।। 2

 बाल कृष्ण दोहावली गीतमाला, पुष्प 7

राग : मालकंस, कहरवा ताल 8 मात्रा

(शारदा वन्दना)

स्थायी

स्वरदा ने मंजुल गाया है, नारद ने साज बजाया है ।
रतनाकर गीत सजाया है ।।

अंतरा–1

देवी! तूने दिया ये गीत हमें, तू ही दिया संगीत हमें ।
तूने स्वर का ज्ञान दिया है, सुर हमने तुझसे पाया है ।।

अंतरा–2

सरस्वती तू बुद्धि दायिनी, विद्या की तू रानी है ।
आरती तेरी मन मंदिर में, यह ज्ञान दीप जलाया है ।।

 3. हिन्दी वाणी वन्दना :

3. Obeisance to Hindi language

 बाल कृष्ण दोहावली गीतमाला, पुष्प 8

(राष्ट्रभाषा हिन्दी)

स्थायी

वाणी सरस्वती की, है देन गणपति की ।
उज्ज्वल ये संस्कृति की, हिन्दी है राष्ट्रभाषा ।। हिन्दी है०

अंतरा–1

सुनने में है लुभानी, गाने में है सुहानी ।
सबसे मधुर ये जानी, ब्रह्मा इसे तराशा ।। हिन्दी है०

3. Obeisance to Hindi language

अंतरा–2

संस्कृत की ये सुता है, ऊर्दू की ये मीता है ।
मंगल सुसंगीता है, सुंदर ये हिन्दी भाषा ।। हिन्दी है॰

अंतरा–3

हिन्दी ये वो जुबाँ है, जिस पर सभी लुभाँ हैं ।
दुनिया का हर सूबा ही, हिन्दी का है निबासा ।। हिन्दी है॰

अंतरा–4

मनहर गुलों की क्यारी, बोली सभी से न्यारी ।
हिन्दी है सबको प्यारी, चाहे जो हो लिबासा ।। हिन्दी है॰

✍दोहा॰ वाणी कीन्ही शारदा, गणपति की है देन ।
परंपरा उज्ज्वल जिसे, सुंदर उसका बैन ।।

हिन्दी हमरी मातु है, हमको देती ज्ञान ।
देकर दैवी संस्कृति, दूर करे अज्ञान ।।

संस्कृत वाणी की सुता, उर्दू की है मात ।
नौ रस से जो पृक्त है, ज्ञानी जन को ज्ञात ।।

देवनागरी है लिपी, पवित्र हैं उच्चार ।
गद्य पद्य व्यवहार में, छंद राग श्रृंगार ।।

संस्कृत की ये उपनदी, अमृत इसका तोय ।
उर्दू नदी समा गई, गहरी नदिया होय ।।

नवम सदी में हो गए, कविवर गोरखनाथ ।
हिन्दी भाषा फिर बढ़ी, बरदाई के साथ ।।

तुलसी मीरा जायसी, कबीर रामानंद ।
सूरदास रैदास के, पद दीन्हे आनंद ।।

दोहा रोला कुंडली, चौपाई के संग ।
कवित्त सोरठ छंद से, हिन्दी पद में रंग ।।

हिन्दी भाषा सुगम है, कहते संत सुजान ।

3. Obeisance to Hindi language

चारु मनोरम सुखद है, जिन्हें काव्य का ज्ञान ।।

सुरस सुलभ सुखकार है, जग में भाषा एक ।
हिन्दी वह शुभ नाम है, जानत हैं जन नेक ।।

हिन्दी में जो शान है, और न पायी जाय ।
हिन्दी जो है जानता, वही समझ यह पाय ।।

ऐसा कोई देश ना, जहाँ न हिन्दी लोग ।
जहाँ काव्य संगीत में, हिन्दी का न प्रयोग ।।

अलंकार से जो भरी, तुमने, हे वागीश! ।
हिन्दी भाषा दी हमें, धन्यवाद, जगदीश! ।।

हिन्दी भाषा से हमें, रहे सदा ही प्यार ।
हिन्दी भाषा को नमो, नम: कहो शत बार ।।

 बाल कृष्ण दोहावली गीतमाला, पुष्प 9

दादरा ताल
(राष्ट्रभाषा हिन्दी)

स्थायी
गीत शारद ने मंजुल है गाया, साज नारद मुनि ने बजाया ।
रत्नाकर से है मंगल रचाया, रामायण को है सुंदर सजाया ।।

अंतरा-1
सारी दुनिया में सबसे जो प्यारी, वही भाषा है हिन्दी हमारी ।
ब्रह्मा जी ने जिसे है तराशा, देववाणी की कन्या है न्यारी ।।

अंतरा-2
छंदों से जो भाषा सजी है, राग सुर से जो रंग रजी है ।
जो विधाता ने सुंदर रची है, वो है बोली हमारी पियारी ।।

अंतरा-3
तुलसी ने जो उज्ज्वल बनायी, मीरा ने जो भक्ति से गायी ।
जिसमें स्वरदा की माया समायी, वो हिन्दी है गुलशन की क्यारी ।।

4. Prayers to Lord Shri Krishna

4. श्री कृष्ण वन्दना :

4. Prayers to Lord Shri Krishna

बाल कृष्ण दोहावली छन्दमाला, मोती 6

विद्युल्लेखा अनुष्टुप् छन्दः[9]

ऽ ऽ ऽ, ऽ ऽ ऽ

(श्रीकृष्णवन्दना)

वन्दे श्रीं श्रीरङ्गं, गोविन्दं श्रीकृष्णम् ।
गोपालं गोपीशं, वार्ष्णेयं योगेन्द्रम् ।। 1
लक्ष्मीशं कंसारिं, प्रद्युम्नं श्रीनाथम् ।
श्रीविष्णुं गौराङ्ग, क्षेत्रज्ञं वन्देऽहम् ।। 2

बाल कृष्ण दोहावली गीतमाला, पुष्प 10

(श्रीकृष्णस्तोत्रम्)

श्लोकाः

रक्ष रक्ष हरे त्वं नः श्रीकृष्ण भवसागरात् । मधुसूदन गोविन्द, संरक्ष नो जगत्पते ।।

जगद्गुरुर्भवानस्ति योगेश्वरः सनातनः । नो मृत्युसागराद्रक्ष, भोः माधव जनार्दन ।।

त्वं पार्थसारथिर्भूत्वा कृतवान्मार्गदर्शनम् । तद्वदेव हृषीकेश, देहि नो योगसाधनाम् ।।

पद्मनाभ यदुश्रेष्ठ पुण्डरीकाक्ष मोहन । केशव शरणं यामो, रक्ष रक्ष हरे हरे ।।

गिरिधर गुणातीत वासुदेव सुदर्शन । देवदेव चिदानन्द, रक्ष रक्ष त्वमच्युत ।।

चक्रधर मुरारे वै रमेश परमेश्वर । दामोदर रमाकान्त, रक्ष रक्ष गदाधर ।।

पीताम्बर जगन्नाथ नृसिंह पुरुषोत्तम । सुभद्राग्रज श्रीनाथ, रक्ष रक्ष मनोहर ।।

---

[9] **विद्युल्लेखा छन्द** : इस आठ वर्ण, 16 मात्रा वाले अनुष्टुप् छन्द के चरण में म म गण आते हैं, अतः सभी मात्राएँ दीर्घ होती हैं । इसका लक्षण सूत्र ऽ ऽ ऽ, ऽ ऽ ऽ इस प्रकार होता है । इस छंद को **विद्युलेखा** अथवा **शेषराज** छंद भी कहा जाता है ।

▶ लक्षण गीत : **दोहा॰ रचना बारह सोलह मत्त की, गुरु मात्रा का वृंद ।**
गायत्री के वर्ग का, "विद्युल्लेखा" छंद ।।

4. Prayers to Lord Shri Krishna

भक्तप्रिय प्रजानाथ मुकुन्द जगदीश्वर । घनश्याम चतुर्बाहो, रक्ष रक्ष निरञ्जन ।।

अनाथनाथ श्रीराम विठ्ठल कमलापते । नारायण निराकार, रक्ष रक्ष धनुर्धर ।।

राधारमण श्रीविष्णो द्वारिकाधिपते गुरो । देवकीपरमानन्द, रक्ष रक्ष पुरन्दर ।।

वनमालिन्महादेव सुरेश सुखसागर । नन्दनन्दन गोपाल, रक्ष रक्ष महेश्वर ।।

श्रीपते परमानन्द भगवन्गारुडध्वज । श्यामसुन्दर ज्ञानेश, रक्ष रक्ष मुनीश्वर ।।

सच्चिदानन्द योगेश ईश देव चाणूरमर्दन । रत्नाकर गणाधीश, रक्ष रक्ष सदा सखे ।।

बाल कृष्ण दोहावली गीतमाला, पुष्प 11

(मेरा एक सहारा)

स्थायी

तू ही मेरा एक सहारा, हरि! जीवन दाता तू ही है ।

अंतरा–1

करुण अनंता विश्व नियंता, हरि! भाग्य विधाता तू ही है ।

अंतरा–2

पाप भगाता पुण्य लगाता, हरि! सब सुख लाता, तू ही है ।

अंतरा–3

खेवनहारा, एक किनारा, परम पियारा, तू ही है ।

अंतरा–4

तू दुख भंजन, चित्त का रंजन, हरि! वत्सल माता, तू ही है ।

दोहा॰ योगेश्वर गोविंद के, अनंत हैं शुभ नाम ।
नत मस्तक मम वन्दना, लाखों लाख प्रणाम ।।

ब्रह्म विष्णु शिव तुम, गुरो! तुम्हीं कृष्ण, तुम राम ।
सविनय घुटने टेक कर, तुमको नम्र प्रणाम ।।

धृपद

दीनानाथ जग वन्दन, मन रंजन, दुख भंजन ।
दुष्ट दमन, पाप हरन, भय तारन, नंद नंदन ।।

4. Prayers to Lord Shri Krishna

<u>बाल कृष्ण दोहावली गीतमाला, पुष्प 12</u>

राग : मालकंस, कहरवा ताल 8 मात्रा

(श्रीकृष्ण वन्दना)

स्थायी

स्वरदा ने मंजुल गाया है, नारद ने साज बजाया है ।
रतनाकर गीत सजाया है ।।

अंतरा–1

मंगल वन्दन योगेश्वर को, जगत को दीनी गीता है ।
अनुपम तुमरा प्रेम है प्रभु जी! तन मन हमरा जीता है ।।

अंतरा–2

हिरदय अर्पण राधावर को, सुंदर रास रचाता है ।
गोप गोपिका ब्रज बलिहारा, मुरली मधुर बजाता है ।।

अंतरा–3

मटकी फोड़े, माखन खावे, "मैं नहीं खायो" कहता है ।
मुख खोले तो विश्व दीदारा, मुग्ध जसोदा माता है ।।

5. Prayers to Goddess Radha

5. श्री राधे रानी वन्दना :

5. Prayers to Goddess Radha

बाल कृष्ण दोहावली छन्दमाला, मोती 7

मोटनक छन्द[10]

ऽ ऽ।, । ऽ।, । ऽ।, । ऽ

(राधा)

राधा मुरली मुरलीधर की ।
बंसीधर श्री करुणाकर की ।। 1
राधावर रास रचावत है ।
राधा इठलाकर नाचत है ।। 2

श्लोक:

नमस्तुभ्यं सुधे राधे मम साष्टाङ्गवन्दना ।
स्नेहमूर्तिं जगत्कीर्तिं वन्देऽहं प्रियदर्शिनीम् ।।

बाल कृष्ण दोहावली गीतमाला, पुष्प 13

(राधा मोहन)

स्थायी

राधा मोहन के संग नाचे, श्यामा की मुरली मधु बाजे ।
गोपी मोद विरा – – – जे– ।।

अंतरा–1

चंद्र देवता, रस बरसाए । ललिता ललना रास रचाए ।

---

[10] **मोटनक छन्द :** इस 11 वर्ण, 16 मात्रा वाले छन्द के चरण में त ज ज गण और एक लघु और एक गुरु वर्ण आता है । इसका लक्षण सूत्र ऽ ऽ।, । ऽ।, । ऽ।, । ऽ इस प्रकार है । यति 5–11 पर विकल्प से आता है ।

▶ लक्षण गीत : **दोहा॰ मात्रा सोलह से बना, आदि त ज ज, ल ग अंत ।**
ग्यारह वर्णों से सजा, वही "मोटनक" छंद ।।

कोयल पपीहा बुलबुल गाए । कोयल गीत सुनाए- - - - ।।

अंतरा–2

इन्द्र देवता, नभ अंबर से । व्रज की रौनक देखन तरसे ।
राधा कृष्ण की बाहों में साजे । स्वर्ग की परियाँ शरम से लाजे ।।

अंतरा–3

रुद्र देवता, बोले गौरी! राधा कृष्ण की देखो जोड़ी ।
सिया राम अवतार अवध के । राधा रमण बन व्रज में बिराजे ।।

बाल कृष्ण दोहावली गीतमाला, पुष्प 14

(राधा ग्वालिन)

स्थायी

राधा ग्वालिन, कर रही मंथन ।
साथ हरि का घड़ी घड़ी चिंतन ।।

अंतरा–1

वृंदावन में, गोप गोपिका, खेलत हैं मतवाले ।
व्रज के ग्वाले, बंसी बजा कर, खेलत खेल निराले ।
नटखट नागर, नंद का नंदन ।
मुकुन्द टटका खात है माखन ।।

अंतरा–2

गोकुल वाला, बालक ग्वाला, मुरली मधुर बजावे ।
वृंदावन की कुंज गलिन में, सुंदर रास रचावे ।
खोये सुध-बुध, सारे व्रज जन ।
सबके मन का, होत है रंजन ।।

अंतरा–3

राधा ढूँढत, गली गलिन में, मन में छुपा जो कान्हा ।
प्रेम दीवानी, भोली राधिका, सखियाँ मारत ताना ।
प्यारा मोहन, असुरनिकंदन ।
सबके दुखों का, करता भंजन ।।

अंतरा–4

तीर पे भावन, नीर है पावन, जमुना जल है कारा ।
सिरजनहारा, आँख का तारा, राधा यशोदा दुलारा ।
पयस है प्यारा, अमुत धारा ।
पीत है श्यामा, देवकी नंदन ।।

बाल कृष्ण दोहावली गीतमाला, पुष्प 15

राग : मालकंस, कहरवा ताल 8 मात्रा
(राधेरानी वन्दना)

स्थायी

स्वरदा ने मंजुल गाया है, नारद ने साज बजाया है ।
रतनाकर गीत सजाया है ।।

अंतरा–1

बरसाने की गोरी रधिया, वृंदावन में आती है ।
माखन बेचन करे बहाना, कान्हा उसको भाता है ।।

अंतरा–2

छम–छम पायल धूम मचावे, रंग रास में आता है ।
मुरलीधर की मुरली सुनने, मन उसका ललचाता है ।।

अंतरा–3

राधे रानी वन्दन तुझको, तुझ बिन कृष्ण अधूरा है ।
राधे का जब नाम पुकारो, मोहन भागा आता है ।।

दोहा॰ प्रीत शब्द के दो हि हैं, जग में सुंदर नाम ।
पहला सीताराम है, दूजा राधेश्याम ।।

6. Prayers to sage Shri Narad muni

6. देवर्षि मुनिवर श्री नारद वन्दना :

6. Prayers to sage Shri Narad muni

♪ बाल कृष्ण दोहावली छन्दमाला, मोती 8

स्निग्धा छन्द[11]

ऽ।।, ऽ ऽ ऽ, ऽ ऽ ऽ

(नारद वन्दना)

नारद तेरी वीणा प्यारी, अद्भुत कीन्ही लीला न्यारी ।
दुष्ट जनों का कीन्हा नासा, पंडित जाने तेरी भासा ।। 1
तू उस हत्यारे को पापी, पूर्ण किया श्रद्धा से व्यापी ।
लाकर ब्रह्मा से संदेसा, तू कवि को दीन्हा आदेसा ।। 2

श्लोक:

वीणां तां शारदादत्तां गृहीत्वा हि स भ्राम्यति ।
जनहिताय त्रैलोक्यं नादब्रह्मविभूषिताम् ।।

दोहा॰ वीणा दीन्ही शारदा, नादब्रह्म का स्त्रोत ।
त्रिलोकगामी तुम मुने! विश्वज्ञान की ज्योत ।।

(चौपाई)

जनहित कारण मुनिवर नारद, फिरते त्रिभुवन भ्रमण विशारद ।
स्वरदा दीन्ही दैवी वीणा, विष्णु "वाक्पटुर्भव" वर दीन्हा ।।

बाल कृष्ण दोहावली गीतमाला, पुष्प 16

(अमृत वाणी)

स्थायी

मुनिवर! अमृत वाणी तोरी । रे, मनहर अद्‌भुत वीणा तोरी ।।

---

[11] **स्निग्धा छन्द :** इस नौ वर्ण, 16 मात्रा वाले छन्द में भ म म गण आते हैं । इसका लक्षण सूत्र ऽ।।, ऽ ऽ ऽ, ऽ ऽ ऽ इस प्रकार होता है । इसमें 5, 9 वे वर्ण पर यति विकल्प से आता है ।

▶ लक्षण गीत : **दोहा॰ सोलह कल अनुबंध जो, नौ अक्षर का वृंद ।**
भ म म गणों का संघ जो, जाना "स्निग्धा" छंद ।।

6. Prayers to sage Shri Narad muni

अंतरा–1

नारद शारद ज्ञान की गंगा, अंध पंगु बधिर जड़ गूँगा ।
निर्मल, नीर स्नान करी ।। मुनिवर!

अंतरा–2

सरबस ज्ञानी अंतर्यामी, जन हित कारण त्रिभुवन गामी ।
निर्भय, धर्म दान करी ।। मुनिवर!

अंतरा–3

राम कृष्ण शिव सब अवलंबा, कारज तोरा जुग–जुग लंबा ।
निस्पृह, सर्व कर्म करी ।। मुनिवर!

अंतरा–4

नारायण नारायण नारा, बार–बार मुख करत उचारा ।
तन्मय, अविरत गान करी ।। मुनिवर!

श्लोकाः

मनुष्यं नारदो देवो दृष्टिक्षेपेण केवलम् ।
भस्मीकरोति तत्कालं यदि स कुपितो भवेत् ।।

सर्वे पूजन्ति तस्मात्तं सर्वे बिभ्यति नारदात् ।
सर्वे मुनिं च स्निह्यन्ति नारदं हितकारकम् ।।

नारदः सर्वगो ज्ञातः सर्वज्ञो नारदस्तथा ।
शत्रुर्न कोऽपि मित्रं तं तटस्थो नारदो मुनिः ।।

(नारद जी)

दोहा॰ सर्वज्ञात नारद! तुम्हीं, सरबस तुमको ज्ञान ।
तुम्हीं सर्वगामी मुने! त्रिभुवन तुमरा स्थान ।।

बाल कृष्ण दोहावली गीतमाला, पुष्प 17

राग : मालकंस, कहरवा ताल 8 मात्रा

(श्री नारद वन्दना)

स्थायी

स्वरदा ने मंजुल गाया है, नारद ने साज बजाया है ।

6. Prayers to sage Shri Narad muni

रतनाकर गीत सजाया है ।।

अंतरा–1

सर्वगामी श्री नारद मुनि हैं, सर्वज्ञानी सुख दाता हैं ।
जन हित हेतु भ्रमण विशारद, शुभ संदेशा लाता है ।।

अंतरा–2

नारद जी की वीणा वाणी, जन का मन हरषाणी है ।
नादब्रह्म का अनहद स्वर वो, मन का दुख बिसराता है ।।

अंतरा–3

मुनिवर शत शत वन्दन तुमको, तुम सत् के रखवारे हो ।
दुर्जन के तू काज बिगाड़े, सत् जन का तू त्राता है ।।

(चौपाई)

एक नजर से भस्म करें वे, क्रोध किसी पर यदि हि धरें वे ।
सारे उनकी पूजा करते, सारे ही उनसे हैं डरते ।।

सबको लगते नारद प्यारे, उन्हें असुर सुर भाते सारे ।
त्रिभुवन उनको आदर देता, त्रिभुवन उनसे आशिष लेता ।।

7. मैं, रत्नाकर :

7. Me, Ratnakar

रत्नाकरोऽहम्

बाल कृष्ण दोहावली छन्दमाला, मोती 9

उपजाति भद्रा छन्द[12]

ऽ ऽ।, ऽ ऽ।, । ऽ।, ऽ ऽ – । ऽ।, ऽ ऽ।, । ऽ।, ऽ ऽ

(रत्नाकरोऽहम्)

गोविंद मेरे नित पास होता । मुझे सदा वो ममता लगाता ।। 1
मेरी सदा ही विपदा भगाता । मुझे नहीं है भव त्रास चिंता ।। 2

बाल कृष्ण दोहावली गीतमाला, पुष्प 18

(प्रार्थना)

श्लोकाः

ज्ञानं दद्याद्गणेशो मां वाणीं दद्यात्सरस्वती ।
कथां च नारदो ब्रूयाद्-हरिर्रक्षेत्सदा हि माम् ।।

सङ्गीतं भारती शैलीं वाल्मीकिस्तुलसीस्तथा ।
ब्रूयाच्च मे महाकाव्यं पार्वतीं शिवशङ्करः ।।

अन्धः पश्यति, मूकश्च भणति, बधिरस्तथा ।
शृणोत्यटति, पङ्गुश्च यत्कृपया, स पातु माम् ।।

---

[12] **उपजाति छन्द** : यह एक मिश्र छन्द है । **उपेन्द्रवज्रा छन्द** में **इन्द्रवज्रा छन्द** को मिला कर **उपजाति भद्रा छन्द** बनता है । **उपेन्द्रवज्रा छन्द** में ज त ज के तीन गण (। ऽ।, ऽ ऽ।, । ऽ।) और दो गुरु मात्रा आतीं हैं । उपेन्द्रवज्रा छंद की चारों चरणों की प्रथम मात्रा लघु होतीं हैं । **उपेन्द्रवज्रा** के चारों चरण की प्रथम मात्रा गुरु करके (ऽ ऽ।, ऽ ऽ।, । ऽ।, ऽ ऽ) त त ज ग ग गण से **इन्द्रवज्रा छन्द** होता है । **भद्रा छन्द** में विषम चरणों की प्रथम मात्रा दीर्घ और सम चरणों में प्रथम मात्रा लघु ही रखी जाती हैं । इन्द्रवज्रा और उपेन्द्रवज्रा छंद के लक्षण गीत आगे उनके अपने अपने स्थान पर दिए गए हैं ।

▶ लक्षण गीत : **दोहा॰ त त ज गण हों विषम में, दो गुरु मात्रा अंत ।**
सम पद में ज त ज ग ग, जानो "भद्रा" छंद ।।

7. Me, Ratnakar

गीतारामायणे ज्ञात्वा मन्थित्वा ज्ञानसागरम् ।
इदं रत्नं मया प्राप्तं कृतकृत्योऽस्म्यहं जनाः! ॥

रामनाम स्मरन्वन्द्यं शुभारम्भं करोम्यहम् ।
सङ्गीतमयकाव्यस्य कृष्णरामायणस्य हि ॥

दद्यातामाशिषो मां तौ प्रेरणां प्रत्ययं तथा ।
ब्रह्मानन्दो महाभागो सत्यानन्दो महाकविः ॥

(कृपा)

दोहा॰ नारद ने कवि से कहा, कथा सुनो तुम ठीक ।
कहता हूँ सो ही लिखो, भाव रखो धार्मिक ॥

प्रथम भजो शिव पार्वती, गणपति शारद राम ।
कृष्ण व्यास बाल्मीक को, तुलसी अरु हनुमान ॥

जिस किरपा से मूक भी, बोल पड़त है बात ।
अंधा पाता दृष्टि है, अपंग सक्षम गात ॥

मुझको सचिदानंद श्री, देवें किरपा दान ।
जिसको पा कर लिख सकूँ, राम-कृष्ण के गान ॥

स्फूरत ब्रह्मानंद दें, विचार सत्यानंद ।
राग-छंद रस रंग दे, शंकर परमानंद ॥

(चौपाई)

जिस किरपा से गूँगा बोले, अंधा देखे आँखें खोले ।
लँगड़ा परबत पर चढ़ जाए, वह मुझ जड़ से गीत लिखाए ॥

शिव-गौरी आज्ञा फरमावे, राम श्याम की कथा बनावे ।
नारद शारद गीत लिखावे, गुरु ज्ञानी संगीत सिखावे ॥

नारद जी से विवरण सुन के, विविध छन्द में उनको बुन के ।
वीणा पर श्री शारद गावे, रत्नाकर से काव्य लिखावे ॥

बोले नारद कहना सुनियो, वर्णन सरबस मन में धरियो ।
जैसा बोलूँ वैसा लिखियो, भासा सीधी सादी रखियो ॥

7. Me, Ratnakar

 बाल कृष्ण दोहावली गीतमाला, पुष्प 19

राग मालकंस, कहरवा ताल 8 मात्रा

(रत्नाकर)

दोहा॰

सुर मधु तेरी वेणु का, जबसे सुना अनूप ।
आस दरस की है लगी, सपनन आ सुर भूप ।।

स्थायी

प्यार हुआ है मुझको सुर से ।

अंतरा–1

प्यार हुआ है मुझको जब से, मुरली मनोहर दामोदर से ।
ग्रीष्म गया है मेरे चित से, बसंत बरखा नित बरसे ।।

अंतरा–2

रात न सूनीं कारी अँधेरी, तरसाये चिंता न घनेरी ।
प्रीत मेरी धनुधर से जिगरी, बंसीधर से, श्रीधर से ।।

अंतरा–3

मीरा राधा जस बलिहारी, पार्थ सुदामा की जस यारी ।
चाह मेरी यदुवर से गहरी, बनवारी से, गिरिधर से ।।

दोहा॰
सुने–निहारे हैं यथा, नारद जी ने आप ।
रत्नाकर है लिख रहा, छंद राग आलाप ।।

यथा दे रहे प्रेरणा, श्री शारदा गणेश ।
रत्नाकर है लिख रहा, अनुप्रास तुक श्लेष ।।

बालमीक ने ज्यों हमें, दिया अनुष्टुभ् छंद ।
रत्नाकर है लिख रहा, श्लोक सहित आनंद ।।

महर्षि पिंगल ने यथा, कहा अष्ट–गण वृंद ।
रत्नाकर है लिख रहा, विविध पाँच सौ छंद ।।

राम–कृष्ण के चरित के, सप्तशताधिक गीत ।
रत्नाकर है लिख रहा, राग–बद्ध संगीत ।।

7. Me, Ratnakar

सरस्वती ने जो रचा, अद्‌भुत ऐसा गीत ।
रत्नाकर है लिख रहा, वही अतुल संगीत ।।

बाल कृष्ण दोहावली गीतमाला, पुष्प 20

(स्तवनम्)

श्लोकाः

ब्रह्माणं शङ्करं विष्णुं सूर्यं चन्द्रं नवग्रहान् ।
प्रकृतिं पुरुषं चैव दिवं पृथ्वीं नमाम्यहम् ।।

सरस्वतीं गणेशं च सीतां राधां च पार्वतीम् ।
मातरं पितरं चैव नारदं च नमाम्यहम् ।।

आकाशमण्डलं सृष्टिं नदीश्च सागरान्गिरीन् ।
वनवनस्पतींश्चैव प्राणिनश्च नमाम्यहम् ।।

शास्त्रविद्याकलातन्त्रान्–वाणीं व्याकरणं तथा ।
वर्णाञ्शब्दांश्च विज्ञानं योगञ्चैव नमाम्यहम् ।।

शुक्रं च सूक्तकर्तॄंश्च कुमारमश्विनौ मनून् ।
इन्द्रं शेषं कुबेरं च लक्ष्मीं देवीं नमाम्यहम् ।।

ज्ञानं ध्यानं च यज्ञं च वायुमग्निं जलं नभः ।
पुराणवेदशास्त्राणि पञ्चतन्त्रं नमाम्यहम् ।।

सिद्धानृषीन्मुनीन्साध्यान्–योगिनश्च तपस्विनः ।
आचार्यान्गुरुदेवांश्च यतींश्चैव नमाम्यहम् ।।

वाल्मीकिं पिङ्गलं व्यासं पाणिनिं च पतञ्जलिम् ।
यास्कं च कालिदासं च माघं बाणं नमाम्यहम् ।।

गुणाढ्यं विष्णुशर्माणं भासं भोजं च दण्डिनम् ।
कल्हणं बिल्हणं चैव भट्टोजीं च नमाम्यहम् ।।

भास्करं शंकराचार्यं रामानन्दं प्रभाकरम् ।
रामानुजं च चाणक्यं ब्रह्मानन्दं नमाम्यहम् ।।

7. Me, Ratnakar

जयदेवं जगन्नाथं भर्तृहरिञ्च भारविम् ।
तुलसीं वल्लभाचार्यं सत्यानन्दं नमाम्यहम् ।।

बाल कृष्ण दोहावली गीतमाला, पुष्प 21

राग तिलक कामोद,[13] तीन ताल

(सूर्य देवता)

स्थायी

अंशु प्रभा सूरज की प्यारी ।

अंतरा–1

सागर अंबर नदिया सुंदर, पर्वत तरु उजलाती ।
भूमंडल की शोभा न्यारी, चमचम धरती सारी ।।

अंतरा–2

नारद किन्नर अंबा शंकर, अष्ट देव अवतारी ।
अंशुमाली आरती तेरी, गात हैं सब नर नारी ।।

♫ **बाल कृष्ण दोहावली छन्दमाला, मोती 10**

कन्या छन्द:[14]

ऽ ऽ ऽ ऽ

(विष्णु वन्दना)

ईशं विष्णुं, रुद्रं वन्दे । रामं कृष्णं, देवांश्चाहम् ।। 1
शान्ताकारं, लक्ष्मीनाथं । विश्वाधारं, जिष्णुं वन्दे ।। 2

---

[13] 𝄞 **राग तिलक कामोद :** यह खमाज ठाठ का राग है । इसका आरोह है : सा रे ग सा, रे म प ध, म प, सां । अवरोह : सां प, ध म ग, सा, रे प म ग, सा नि़ ।

▶ लक्षण गीत : **दोहा॰ रे प वादि संवाद में, आरोह में ध वर्ज्य ।**
राग "तिलक कामोद" में, उभय नि स्वर की तर्ज ।।

[14] **कन्या छन्द :** इस प्रतिष्ठा छन्द के चरणों में 4 वर्ण, 8 मात्रा होती हैं । इस छन्द में केवल म गण और एक गुरु वर्ण आता है । इसका लक्षण सूत्र ऽ ऽ ऽ ऽ इस प्रकार होता है । इसके सभी वर्ण दीर्घ होते हैं ।

▶ लक्षण गीत : **दोहा॰ वर्ण चार, कल आठ का, म गण, गुरु कल अंत ।**
सर्व गुरु अक्षर जहाँ, बोला "कन्या" छंद ।।

बाल कृष्ण दोहावली गीतमाला, पुष्प 22

☯गज़ल : राग कल्याण

(मंदमति)

स्थायी

बेद पुरान दस पढ़े, हमें ज्ञान आया नहीं ।
तकरीर प्रवचन सब सुने, मगर ध्यान पाया नहीं ।।

अंतरा–1

इल्म था जब बँट रहा, हमरे तक आया नहीं ।
सिलसिला तो आगया, मगर ऐलान आया नहीं ।।

अंतरा–2

अक्ल पर ताले पड़े, हमें जेहन आया नहीं ।
उस्ताद बजा कर थक गए, हमें गान आया नहीं ।।

अंतरा–3

मुकद्दर का सिकंदर, नसीब पाया है वही ।
फरिश्ता बगल से निकल गया, हमें जान पाया नहीं ।।

बाल कृष्ण दोहावली गीतमाला, पुष्प 23

☯गज़ल : कहरवा ताल 8 मात्रा

(राह में घनश्याम तेरी)

स्थायी

राह में घनश्याम तेरी, बैठे जमाना हो गया,
याद में घनश्याम तेरी, बैठे जमाना हो गया ।
रास में तू है लगा ये, टुक बहाना हो गया ।।

अंतरा–1

पी गई वो ज़हर का प्याला, तू योग में था खो गया ।
मत बता तू वो बहाना, अब पुराना हो गया ।
अरे! सुन चुके हम वो बहाना, अब पुराना हो गया ।।

अंतरा–2

7. Me, Ratnakar

बंसी तेरी है सुहानी, राधिका से है सुना ।
एक हमको सुर सुना दे, बस लुभाना हो गया ।।

अंतरा–3

माना तू भगवान् है, मगर कहाँ तू सो गया ।
सपने में दीदार दे दे, बस रुलाना हो गया ।।

(हिंदु)

स्वाभिमानी मनुष जो कहता, हिंदु अपने आपको है ।
कृतकृत्य वो सफलमनोरथ, करता अपने बाप को है ।।

ॐ श्लोकौ

(हिन्दु)

शतानां जन्मनामन्ते नरयोनिं स प्राप्यते ।
शतानां नरजन्मान्ते हिन्दुजन्म च लभ्यते ।।

संस्कुर्वन्ति नरान्येषु धर्मास्ते कृत्रिमाः खलु ।
हिन्दुर्भगवता दत्तो धर्मो नैसर्गिको हि सः ।।

दोहा॰ **"चौरासी लख भग फिरे, नर योनि का योग ।**
लाखों नर योनि फिरे, हिन्दु जन्म का भोग ।।

"कृत्रिम दीक्षा को लिए, अन्य धर्म में स्थान ।
हिन्दु धर्म ईश्वर दिया, जन्म जात है दान" ।।

ॐ श्लोकः

माता यस्य स्वयं प्रज्ञा शास्त्रवाक्यं पिता तथा ।
अन्तश्चक्षुर्भवेद्यस्यादर्शस्य किं प्रयोजनम् ।।

♪ बाल कृष्ण दोहावली छन्दमाला, मोती 11

फटका छन्द[15]

---

[15] **फटका छन्द :** इस छन्द में 29 या 30 मात्राएँ आती हैं । 30 मात्रा 8, 8, 8, 6 अथवा 29 मात्रा 8, 8, 8, 5 के प्रमाण से होती हैं । इसके दूसरे एवं चौथे चरणों के अन्त में अनुप्रास होता है । फटकों की पंक्तियों में एक मात्रा अधिक या कम प्रस्तुत हो सकती है और इसको कहरवा या तीन ताल में सजाने के लिए चौबीस वी मात्रा दीर्घ करके गायी जाती है ।

7. Me, Ratnakar
8 + 8 + 8 + 6/5
(सुवचन)

हे सद्गुणियों कहना सुनियो, परम हित की ये बात है ।
कृष्ण-कथा का सुमिरन गायन, पुण्य लगावत तात! है ।।

 बाल कृष्ण दोहावली गीतमाला, पुष्प 24

राग : मालकंस, तीन ताल

(रत्नाकर अनुनय)

स्थायी

प्रभु तेरी दुआ से जीना है, अरु तेरी दुआ से मरना है ।

अंतरा-1

अब दे दे जो कुछ देना है, वापस ले जब लेना है ।
तेरी दुआ से जीना मरना, तेरे हाथ में सब कुछ है ।।

अंतरा-2

मेरे सपने मेरे अपने, तेरी कृपा से सब शुभ हैं ।
तेरी दुआ और तेरी किरपा, डोरी तेरे हाथ में है ।।

अंतरा-3

तेरी छाया तेरी माया, तेरी दया भी साथ में है ।
जग तेरे हाथ बिलौना है, तेरे हाथ खिलौना है ।।

 बाल कृष्ण दोहावली गीतमाला, पुष्प 25

दादरा ताल

(ओ हरे!)

स्थायी

मेरे माता-पिताश्री तुम्हीं हो, मेरे भ्राता सखा भी तुम्हीं हो ।
ज्ञान सोता सविता तुम्हीं हो, मेरे धाता विधाता तुम्हीं हो ।।

▶ लक्षण गीत : दोहा॰ आभूषित कल तीस से, देता मन आनंद ।
सोलह कल पर यति जहाँ, मम प्रिय "फटका" छंद ।।

7. Me, Ratnakar

अंतरा–1
मेरे गानों की स्फूरत तुम्हीं हो, मेरे ध्यानों की सूरत तुम्हीं हो ।
मेरे ख्वाबों की मूरत तुम्हीं हो, मेरी साँसों के दाता तुम्हीं हो ।।

अंतरा–2
मेरे जीवन की गाथा तुम्हीं से, सारे जन्मों का नाता तुम्हीं से ।
मेरा जीना सुहाता तुम्हीं से, मेरे ताता और त्राता तुम्हीं हो ।।

अंतरा–3
मोहे भूमि पर लाया तुम्हीं ने, मोहे प्रीति से पाला तुम्हीं ने ।
मोहे मुक्ति दिलाना तुम्हीं ने, मेरी गीता कविता तुम्हीं हो ।।

अंतरा–4
तेरे चरणों में मेरी जगह हो, मेरे मुख में हरि! तू बसा हो ।
तेरी किरपा की छाया सदा हो, मेरे प्रारब्ध कर्ता तुम्हीं हो ।।

सर्ग १

पार्श्वभूमिका

राजा अग्रसेन की कथा

1. Story of King Agrasen

♫ बाल कृष्ण दोहावली छन्दमाला, मोती 12

अभंग छन्द

6 + 6 + 6 + 4

(महाराजा अग्रसेन)

अग्रसेन राजा, सदाचारी साजा ।
प्रीति कीन्ही प्रजा, मथुरा की ।। 1
बेटा उसका पापी, माने न कदापि ।
दसमुख रूपी, दुष्ट दापी ।। 2

✍दोहा॰ ययाति जी के वंश में, यदु-कुरु नृप विख्यात ।
दोनों कुल इतिहास को, भली भाँति हैं याद ।।

यदु कुल में श्रीकृष्ण थे, दैवी जिनके सूत्र ।
कुरु कुल के नृप पांडु थे, पांडव जिनके पुत्र ।।

शूरसेन यदु भूप थे, मथुरा के मतिमान ।
राजा नीति सम्राट थे, जग में ख्यात महान ।।

अग्रसेन यदु भूप का, अविचारी सुत कंस ।
दम्भी मूर्ख शिरोमणी, स्वयं नसायो बंस ।।

रावण-का-अवतार वो, करे प्रजा पर पाप ।
कंस अधम खल दुष्ट था, धार्मिक उसका बाप ।।

1. Story of King Agrasen

बाल कृष्ण दोहावली गीतमाला, पुष्प 26

(अग्रसेन की मथुरा)

स्थायी

मथुरा नगरी भव में प्यारी, स्नेह शाँति की फुलवारी ।
सुंदर मंगल जग में न्यारी, स्वर्ग सेती सुखकारी है ।।

अंतरा-1

यहाँ न कोई चोरी लड़ाई, ना कुल द्रोही ना हरजाई ।
यहाँ सभी हैं भाई-भाई, सब मुख मीठी वाणी है ।

अंतरा-2

सभी हैं दानी, सभी हैं ज्ञानी, सभी हैं स्नेही, सभी हैं प्रेमी ।
कोई न इनका कहीं है सानी, मथुरा जग की रानी है ।।

कथा

(ययति कुल)

दोहा॰ ययाति जी के वंश में, यदु-कुरु नृप विख्यात ।
दोनों कुल इतिहास को, भली भाँति हैं याद ।।

बाल कृष्ण दोहावली छन्दमाला, मोती 12

ऋतु गायत्री छन्द[16]

6 x 4

(शूरसेन की मथुरा)

श्री शूरसेन की, मथुरा नगरी ।
व्रज सब जानी, अमृत गगरी ।। 1
सब नगरों में, मनहर प्यारी ।
हरी भरी सुख, आनंद की क्यारी ।। 2

---

[16] **ऋतु छन्द** : जैसे कि पिंगल छन्दशास्त्र 3.8 में कहा है, जिस अक्षर-गायत्री छन्द में छह वर्णो के चार पद आते हैं वह तु चतुष्पाद ऋतु-गायत्री छन्द कहलाता है । **"ऋतु"शब्देन लक्षणया षडक्षरः पादोऽभिधीयते, तैः पादैश्चतुष्पादं गायत्रं छन्दो भवति** । एवं चतुर्विंशत्यक्षराणि सम्पद्यते ।

▶ लक्षण गीत : **दोहा॰ छः वर्णों के चार हों, चतुष्पाद में वृंद ।**
अक्षर गायत्री वही, "ऋतु" कहलाता छंद ।।

(कुरु-कुल)

दोहा॰ यदु कुल में श्रीकृष्ण थे, दैवी जिनके सूत्र ।
कुरु कुल के नृप पांडु थे, पांडव जिनके पुत्र ।।

शूरसेन यदु भूप थे, मथुरा के मतिमान ।
राजा नीति सम्राट थे, जग में ख्यात महान ।।

अग्रसेन यदु भूप का, अविचारी सुत कंस ।
दम्भी मूर्ख शिरोमणी, स्वयं नसायो बंस ।।

रावण-का-अवतार वो, करे प्रजा पर पाप ।
कंस अधम खल दुष्ट था, धार्मिक उसका बाप ।।

बाल कृष्ण दोहावली गीतमाला, पुष्प 27

(राजा अग्रसेन की कथा)

स्थायी

स्वरदा ने सुंदर गाया है, नारद ने साज बजाया है ।
रतनाकर गीत रचाया है ।।

अंतरा-1

उग्रसेऽन मथुराऽ राजा ने, मथुराऽ वैऽभवशाऽलीऽ कीऽन्हेऽ।
सुत उनका दुष्कर्मी कंसा, मथुरा पुर का कीन्हा ध्वंसा ।
ये मथुरा का इतिहासा है ।।

अंतरा-2

नास्तिक पितु का आस्तिक बेटा, उस भगत प्रलाद में देखा है ।
आस्तिक पितु का पापी बेटा, वो कंस कुकर्मी जेठा है ।
इतिहास प्रमाण दिलाया है ।।

2. Story of Shri Narad Muni

सर्ग २

नारदजी की कथा

2. Story of Shri Narad Muni

बाल कृष्ण दोहावली गीतमाला, पुष्प 28

(अंबे मैया)

स्थायी

अंबे मैया, तेरी माया, का– – – – – – ।
बोल बाला, सभी जगत में, सदा रहे ।।

अंतरा–1

पाप हारिणी! ताप हारिणी! तेरी किरपा, का– – – – – – ।
जय जय कारा, सभी दिलों में, सदा बहे ।।

अंतरा–2

ज्योताँ वाली! पहाड़ा वाली! मेहराँ वाली, माँ– – – ।
तेरा नारा, सभी घरों में, सदा चले ।।

अंतरा–3

भाग्य दायिनी! सिद्धि दायिनी! सिंहवहिनी, का– – – ।
दैवी डंका, सभी समय में, सदा बजे ।।

♫ बाल कृष्ण दोहावली छन्दमाला, मोती 14

चंद्रकांत छन्द[17]

8 + 8 + 8 + 5

[17] **चंद्रकांत छन्द** : इस 26 मात्रा वाले वृत्त में 8, 16, 26 मात्रा पर यति विकल्प से आता है । अंतिम वर्ण गुरु होता है ।

▶ लक्षण गीत : **दोहा॰ मत्त छब्बीस का बना, दीर्घ मत्त से अंत ।**
अष्टम षोडष यति जहाँ, "चंद्रकांत" है छंद ।।

2. Story of Shri Narad Muni

(नारद वीणा)

नारद वीणा, जादू कीन्हा, मम मन हर लीन्हा ।
ब्रह्म नाद वो, सुर अनहद वो, जग मोहित कीन्हा ।। 1
मुनि का आना, शुभ वर लाना, त्रिभुवन है जाना ।
अहितनिकंदन! मुनिवर! वन्दन, अद्भुत तव वीणा ।। 2

बाल कृष्ण दोहावली गीतमाला, पुष्प 29

(नारद जी की वीणा)

स्थायी

नारद जी की सुंदर वीणा, कान पड़त मनवा हर लीन्हा ।

अंतरा-1

स्वर्ग से धरती तक मनहारी, नारायण की प्रीत पियारी ।
सुर गण सारे जन संसारी, हर हिरदय है मोहित कीन्हा ।।

अंतरा-2

शारद सुरवर सब बलिहारी, शुभ संदेश है नित हितकारी ।
हिरदय का हर कोना-कोना, सप्त सुरों से पुनीत कीन्हा ।।

श्लोक:

सर्वभूतहितार्थे हि भूमिमासीद्भ्रमन्यदा ।
देशाद्देशं च गत्वा स मथुरामागतो मुनिः ।।

कथा

(एक दिन)

दोहा॰ इक दिन नारद चल पड़े, करने जग हित काम ।
विश्व घूम कर आगये, मथुरा पुर के धाम ।।

यहाँ उन्हों ने जो लखा, उस नगरी का हाल ।
नारद दुखिया होगये, लख जनता बेहाल ।।

दुख में सब थे रो रहे, करते प्रभु को याद ।
हे ईश्वर! हमको बचा, सबकी थी फरियाद ।।

श्लोक:

2. Story of Shri Narad Muni

कंसदासा महापापा हिंसाऽऽज्ञया प्रचोदिताः ।
नरान्स्त्रियश्च बालाँश्च प्राणादवञ्चयन्त ते ।।

(कंस)

दोहा॰ राजा उनका कंस था, अत्याचारी घोर ।
अधिकारी उसके सभी, क्रूर उचक्के चोर ।।

ॐ श्लोकौ

जना गृहेषु सर्वेषु कंसक्रौर्येण व्याकुलाः ।
कृतवन्तो दिवानक्तं रक्षायै परिदेवनम् ।।

क्लिष्टाश्च व्यथया केचित्-केश्चन पीडया तथा ।
यथाऽऽदिष्टा हि कंसेन पतिताः सङ्कटे तथा ।।

दोहा॰ हिंसा उनका काम था, अधम पाप दिन रात ।
नर नारी सब तंग थे, कोड़ों की बरसात ।।

जब जब हानि धर्म की, अधर्म पर आघात ।
प्रभु लेते अवतार हैं, सुनी यही थी बात ।।

पड़े विपत में जन सभी, त्राहि! त्राहि! थे प्राण ।
सबके मुख में प्रार्थना, "पाहि! पाहि! रे माम्" ।।

सब जन कहते, हे प्रभो! कब लोगे अवतार ।
कब आवेगा सुख हमें, सबकी यही पुकार ।।

त्राहि! त्राहि! रे हे प्रभो! भेजो कोई दूत ।
राजा हमरा दुष्ट है, धार्मिक नृप का पूत ।।

प्रभुजी! तुमने क्यों रचा, इस दुनिया का खेल ।
दुष्ट भूप के राज्य में, लोग रहे दुख झेल ।।

दुखी जनों की आतमा, रो कर रही पुकार ।
तारो इस संसार से, प्रभुजी! करो उबार ।।

हमें न कोई छाँव है, जहाँ मिले आधार ।
यहाँ न कोई बंधु है, न ही किसी का प्यार ।।

2. Story of Shri Narad Muni

बाल कृष्ण दोहावली गीतमाला, पुष्प 30

राग भैरवी

(प्रभु बताओ)

स्थायी

प्रभु बताओ दुखी जहाँ का, अजीब खेला क्यों है रचाया ।
ये शोर दुखियों की आतमा का, कहो प्रभु जी क्यों है मचाया ।।

अंतरा–1

यहाँ न कोई किसी का भाई, न दोसती में कहीं सचाई ।
ये हाल जीने का इस जहाँ में, बताओ प्रभु जी क्यों है बनाया ।।

अंतरा–2

कहीं लड़ाई या बेवफाई, मगर भलाई न दे दिखाई ।
बेहाल आँसू पीना जहाँ में, बतादो प्रभु जी क्यों है सनाया ।।

अंतरा–3

कहीं बुराई कहीं दुहाई, कहीं जुदाई कहीं रुलाई ।
ये साज रोने का इस जहाँ में, न जाने प्रभु जी क्यों है बजाया ।।

श्लोकः

(भूमौ तद्दृष्ट्वा नरदमुनिः)

केनोपायेन सर्वेषां निश्चितेन च सर्वथा ।
हरामि दुःखमेतेषां चिन्तयन्स्वर्गमागतः ।।

(नारद जी की चिंता)

दोहा॰ सुन कर दुखिया जनन की, दारुण आर्त पुकार ।
नारद जी विह्वल हुए, नैनन अँसुअन धार ।।

बोले, इस पर क्या करूँ, निश्चित मैं उपचार ।
यही सोचते आगये, मुनिवर स्वर्ग दुआर ।।

2. Story of Shri Narad Muni

बाल कृष्ण दोहावली गीतमाला, पुष्प 31

(नारायण श्री)

कीर्तन

स्थायी

जै जै बोलो नारायण की, विष्णु विश्व के स्वामी हैं ।
जै जै बोलो रामायण की, जिष्णु अंतर्यामी हैं ।।

अंतरा-1

जय जय बोलो वासुदेव की, विष्णु हमारे स्वामी हैं ।
दीनों के बंधु करुणा सिंधु, विष्णु हमारे साँई हैं ।।

अंतरा-2

जय जय बोलो विष्णु देव की, विष्णु हमारे स्वामी हैं ।
साँई दयालु, साँई कृपालु, विष्णु हमारे साँई हैं ।।

अंतरा-3

जय जय बोलो लाक्ष्मीनाथ की, विष्णु हमारे स्वामी हैं ।
भव की नैया और खेवैया, विष्णु हमारे साँई हैं ।।

अंतरा-4

जय जय बोलो श्री भगवन् की, विष्णु हमारे स्वामी हैं ।
परम सहारा, एक किनारा, विष्णु हमारे साँई हैं ।।

अंतरा-5

जय जय बोलो महाविष्णु की, विष्णु हमारे स्वामी हैं ।
वैकुण्ठ धामी, सरबस गामी, विष्णु हमारे साँई हैं ।।

अंतरा-1

विष्णु कन्हाई, विष्णु गोसाँई, विष्णु हमारे स्वामी हैं ।
विष्णु भाई हैं, विष्णु माँई हैं, विष्णु हमारे साँई हैं ।।

श्लोकः

(नारदस्य वीणावादनं श्रुत्वा भगवान्विष्णुराह)

श्रुत्वा नारदवीणां तां विष्णुरुवाच नारदम् ।
किमर्थमद्य खल्वस्ति स्वर्गमागतवान्भवान् ।।

2. Story of Shri Narad Muni

दोहा॰ नारद मुनि थे गा रहे, नारायण जयकार ।
साथ मधुर थी बज रही, वीणा की झनकार ।।

सुन कर वीणा तान वो, हुआ विष्णु को ज्ञात ।
नारद मुनिवर आ रहे, कुछ तो होगी बात ।।

स्वागत मुनिवर का किया, दोनों जोड़े हाथ ।
बोले, मुनिवर! आइये, बडे प्रेम के साथ ।।

कहो विश्व की खबर क्या, कौन दुखी हैं लोग ।
कौन दुष्ट नर है बना, देता जग को शोक ।।

किसका करना है भला, कौन बना लाचार ।
किसका करना अंत है, कौन बना है खार ।।

श्लोकः

(भगवतः प्रश्नं श्रुत्वा नारद उवाच)

प्रभुमुवाच भक्तः स महर्षिः प्रहसन्निव ।
भवान्स्वयं हि सर्वज्ञ एष प्रश्नः पुनः कथम् ।।

(नारद जी)

दोहा॰ हँस कर मुनिवर ने कहा, मैं क्या बोलूँ बात ।
आप जानते हैं सभी, सर्व आपको ज्ञात ।।

फिर भी जन हित के लिये, कहता हूँ मैं, तात! ।
आप पिता अरु मात हैं, आप जगत के नाथ ।।

प्रभु! मैं जन हित के लिए, आया बैकुँठ लोक ।
मुनि बोले श्री विष्णु को, कंसप्रजा का शोक ।।

प्रभु! तुम बैठे स्वर्ग में, लक्ष्मी जी के साथ ।
रो-रो दुखियारे वहाँ, तुम्हें पुकारे, नाथ! ।।

श्लोकः

निश्चिन्तो हि भवानत्र सुप्तः शेषासने प्रभो! ।
पीडया तु जनास्तत्र क्रन्दन्ति "हे, हरे हरे!" ।।

2. Story of Shri Narad Muni

(और)

🪷 दोहा॰   कंस बना राक्षस वहाँ, करता अत्याचार ।
जनता सारी त्रस्त है, सबने मानी हार ।।

सब दुखियारे रो रहे, किसी को न आधार ।
बहुत समस्या घोर है, नष्ट धर्म-आचार ।।

कंसचरों ने है किया, मथुरा को बेहाल ।
पापाचारी कंस वो, आप बना है काल ।।

(नारद उवाच)

🕉 श्लोका:

वदतूपायमेकं मां यो स्याच्छ्रेष्ठतमो भुवि ।
प्रभो! विष्णो! पुनर्येन शान्ति: प्रस्थापिता भवेत् ।।

मयि प्रभो कृपां कृत्वा भवान्वदतु मां खलु ।
दूरं दु:खानि तेषां वै भविष्यन्ति कथं ननु ।।

नारदमुनिना प्रश्नौ प्रभुमेतौ कृतौ यदा ।
शृणुतात्तज्जना! अग्रे प्रभुणा दत्तमुत्तरम् ।।

(नारद जी ने कहा)

🪷 दोहा॰   अग्रसेन की सोहनी, मथुरा स्वर्ग समान ।
कंसचरों ने है करी, नष्ट और बदनाम ।।

कैसे उसका अब, प्रभो! कर सकते हैं तार ।

कैसे करना चाहिये, दुष्टों का संहार ।।

नारद बोले, "हे प्रभो! कहिए एक उपाय ।
जिससे सकल बचाव हो, जो है होत अपाय" ।।

नारद मुनि के प्रश्न के, उत्तर सोच विचार ।
नारायण ने जो दिए, सुनो सहित विस्तार ।।

(विष्णुरुवाच)

ॐ श्लोक:

(सुभाषितम्)

यदा यदा हि धर्मस्य हानिर्भवति नारद ।
अभ्युत्थानमधर्मस्य पृथिव्यां मम कर्म वै ।।

(प्रभु ने नारद जी से कहा)

दोहा॰ दुष्ट जनों के कष्ट से, जब-जब धरती रोय ।
दुराचार संहार ही, मेरा करतब होय ।।

विनाश करने कंस का, लूँगा मैं अवतार ।
होवे हित यदु वंश का, हल्का हो भू भार ।।

दुष्ट बाप का पुत्र वो, हुआ भक्त परलाद ।
भद्र बाप का पुत्र ये, दुष्ट कंस है याद ।।

बाल कृष्ण दोहावली गीतमाला, पुष्प 32

दादरा ताल

(धर्म रक्षक)

स्थायी

यदा यदा हि धर्म की, हानि होती है यहाँ ।
हरि धरा पे आन कर, जहाँ बसाते है नया ।।

अंतरा-1

हिरणकशिपु को नृसिंह विष्णु ने, गोद में अपनी लिटा लिया ।
भक्त प्रलाद के पापी बाप को, मार्ग स्वर्ग का दिखा दिया ।।

अंतरा-2

बाल कृष्ण ने, पापी कंस को, एक चुटकी में गिरा दिया ।
अग्रसेन के, दुष्ट पुत्र को, भवसागर से उठा लिया ।।

अंतरा-3

योगेश्वर ने, कुरुक्षेत्र पर, धर्म-कर्म का ज्ञान दिया ।
भगत पार्थ को, योग सिखा कर, दुर्योधन को मिटा दिया ।।

ॐ श्लोकौ

भवतस्तात! सत्योऽस्ति स्नेहो भूतेषु नारद! ।
शोभनो भवतो हेतुः-भूतानां परमार्थकः ।।

अहं हितं हि भूतानां चिन्तयामि दिवानिशम् ।
स्नेहपात्रो भवानस्ति कथयिष्यामि त्वामतः ।।

दोहा॰ "तुमरा जग कल्याण का, मुनिवर! है उद्देश ।
अतः कहूँ मैं आपको," बोले, श्री कमलेश ।।

"भव भूतों के स्नेह की, सोच मुझे दिन-रात ।
भक्त परम तुम हो, मुने! अतः कहूँ मैं बात" ।।

♪ बाल कृष्ण दोहावली छन्दमाला, मोती 15

फटका छन्द

6 + 6 + 6 + 4

(मुनिवर नारद)

हे मुनि नारद! भ्रमण विशारद! स्नेह आपका सच्चा है ।
भूत भले की भावना भरा, भाव तुम्हारा अच्छा है ।। 1

जन हित का हल निश-दिन हर पल, स्वयं सोचता रहता हूँ ।
मेरी ममता पात्र तुम्हीं हो, अतः तुम्हें मैं कहता हूँ ।। 2

वसुदेव का पुत्र आठवाँ, बन कर मम होगा खेला ।
कभी न देखी पहले ऐसी, अद्भुत होगी मम लीला ।। 3

ॐ श्लोकः

पुत्रोऽष्टमो भविष्यामि देवकीवसुदेवयोः ।

2. Story of Shri Narad Muni

भवेन्ममेदृशी लीला भूता न च पुनर्भवेत् ।।

(भगवान् ने नारद जी से कहा)

✍दोहा॰ **लूँगा अब अवतार मैं, करने को कल्याण ।**
लेने अपने हाथ से, दुष्ट कंस के प्राण ।।

♫ **बाल कृष्ण दोहावली छन्दमाला, मोती 16**

सुगती छन्द[18]

5 + ऽ

(चारु अवतार)

देवकी का, सुत आठवाँ । चरित जिसका, जगत उजला ।। 1
भुवन त्रय में, सुगुण मय में । कभी न दिखा, कृष्ण सरिखा ।। 2

(अवतार)

श्लोक:

चरित्रं मे भवेद्दिव्यम्-अपूर्वञ्च मनोहरम् ।
रसात्मकं महागूढम्-अगम्यं चातिसुन्दरम् ।।

✍दोहा॰ **"अपूर्व होगा आठवाँ, जग में मम अवतार ।**
न च भूतो ना भविष्यति, ऐसा जय जयकार" ।।

नारद! करदो कंस को, मन भ्रांति से सचेत ।
नभवाणी के घोष से, करदो उसे सुचेत ।।

आए ना यदि बाज वो, सुन कर भी आह्वान ।
करो तयारी आन की, हरि अवतार महान ।।

श्लोक:

नभोवाण्या खलं कंसं तमाह्वयतु नारद ।

---

[18] **सुगती छन्द** : इस मात्रिक सम छन्द में सात मात्रा आती हैं, जिनका अंतिम अक्षर गुरु होता है । इसका लक्षण सूत्र 5 + ग (ऽ) ऐसा होता है ।

▶ लक्षण गीत : ✍ **दोहा॰ सात मत्त का वृंद जो, गुरु मात्रा से अंत ।**
पंचम पर हो यति जहाँ, जाना "सुगती" छंद ।।

नृरूपोऽवतरिष्यामि यद्युपेक्षेत्स मां शठः ।।

दोहा॰ महामाय को विष्णु ने, भेजा मथुरा धाम ।
करने को उद्धार के, मूलभूत कुछ काम ।।

मिलवाओ वसुदेव को, और देवकी साथ ।
नंद यशोदा के तथा, करदो पीले हाथ ।।

फिर बोले यमराज से, नारायण भगवान ।
दुर्योधन कंसादि के, सोचो लेने प्राण ।।

(आकाशवाणी)

दोहा॰ सूचित करदो कंस को, नभवाणी के साथ ।
पाप करे तो, जान से, धोएगा वह हाथ ।

माता जिनकी देवकी, बच्चे होंगे आठ ।
बच्चा उसका आठवाँ, करे कंस का घात ।।

नभ वाणी ने कंस को, सुना दिया ऐलान ।
पुत्र आठवाँ आ रहा, लेने तेरी जान ।।

अगर न आया बाज तू, करने पापी काम ।
कर देगा सुत आठवाँ, तेरा खेल तमाम ।।

ॐ श्लोकौ

महामाये! धरां गत्वा देवकीवसुदेवयोः ।
यशोदानंदयोस्त्वञ्च कुरुतान्मिलने शुभे ।।

तथा च कुलद्रोहीनां पातकानि यथा तथा ।
रचयताच्च देहान्तान्–कंसदुर्योधनादिनाम् ।।

<u>बाल कृष्ण दोहावली गीतमाला, पुष्प 33</u>

(नारद जी की कथा)

स्थायी

स्वरदा ने सुंदर गाया है, नारद ने साज बजाया है ।

रतनाकर गीत रचाया है ।।

अंतरा–1

जब एक दिन नारद मुनिवर ने, पुर मथुरा में आगम कीन्हे ।
इत हाल उन्होंने जो देखा, हिय में उनके चूभा मेखा ।।
बोले, ये क्या कंस मचाया है ।।

अंतरा–2

मुनि आए लक्ष्मीपति पासा, जन गण की लेकर अरदासा ।
बोले, धर्म की उत हुई ग्लानिऽ है, अरु सत् आचार की हानिऽ है ।।
प्रभु! क्षण अवतार का आया है ।।

अंतरा–3

प्रभु बोले हेतुऽ अच्छा है, तव नेहा मुनिवर! सच्चा है ।
हम लेंगे भू पर अवतारा, जग बोलेगा “यह न्यारा है” ।
“हरि कृष्ण कन्हैया[19] आया है” ।।

[19] **याद रहे :** जैसा कि छन्द शास्त्र में कहा है, आघात नहीं पड़ने वाले संयुक्त वर्ण के पूर्व वाला लघु वर्ण लघु ही माना जाता है । उदा॰ तुम्हें, तुम्हीं, उन्हें, कन्हैया । कन्हैया में ‘न्ह’ संयुक्त वर्ण होकर भी ‘क’ अक्षर पर उसका आघात नहीं आता, इस लिए ‘कन्हैया’ का ‘क’ अक्षर लघु ही माना जाता है । उसी तरह से अनुस्वार वाले वर्ण दीर्घ होते हैं मगर चन्द्रबिंदु अनुस्वार वाले शब्द लघु वर्ण लघु ही रहते हैं उदा॰ “अँसुअन” का अँ लघु ही है । ये नियम इस ग्रंथ में सर्वत्र लागू हैं ।

दोहा॰ सानुस्वार, विसर्ग भी, संयुक्ताक्षरपूर्व ।
पदान्त वर्ण विकल्प से, लघु जाने गुरु सर्व ।।

3. Story of the Wicked Kaňsa

सर्ग ३

दुष्ट कंस की कथा

3. Story of the Wicked Kaňsa

♫ बाल कृष्ण दोहावली छन्दमाला, मोती 17

दिंडी छन्द[20]

9–10 – 9–10 – 9–10 – 9–10

(दुष्ट कंस)

आकाश वाणी, कंस ने जब सुनी ।
मृत्यु के डर से, पापी घबड़ायो ।। 1
वसुदेव जी को, तथा देवकी को ।
पिता श्री को भी, कैद में पठायो ।। 2
देवकी के सुत, बोला मैं मारूँ ।
सात सुत मारे, राह आठवे की ।। 3

बाल कृष्ण दोहावली गीतमाला, पुष्प 34

(कंस की मथुरा)

स्थायी

ये पावन मथुरा नगरी, इसे कंस ने आग लगाई ।
उनको अब कौन बचाए, जिनका नृप कंस कसाई ।
आजा रे कृष्ण कनाई ।।

अंतरा–1

खून खराबा, शोर शराबा, मौत यहाँ मँडराए ।
जन घबड़ाए, सब भरमाए, उपाय बूझ न पाए ।

---

[20] **दिंडी छन्द :** इसमें चार चरण होते हैं । चरण में 19 मात्रा, वर्ण संख्या का बंधन नहीं होता । यति 9–10 वर्ण पर विकल्प से आता है ।

▶ लक्षण गीत : ✍ **दोहा॰ मत्त उन्नीस हों जहाँ, चरण चार, गुरु अंत ।**
नौवीं कल पर यति जहाँ, "दिंडी" है वह छंद ।।

तन तरसाए, मन मुरझाए, विपद यहाँ पर छाई ।।
आजा रे कृष्ण कनाई ।।

अंतरा–2

राज्य असुर का, नाम न सुर का, कंस के निसदिन नारे ।
भय दुस्तारे, डर के मारे, जान के पड़ गए लारे ।
भाग्य हमारे बिगड़े सारे, बदी की पड़ी परछाई ।।
आजा रे कृष्ण कनाई ।।

अंतरा–3

कोई न तारक, संकट हारक, लालन पालन कारी ।
सज्जन सारे, कैद में डारे, बाल वृद्ध नर नारी ।
कोई न रक्षक, सभी हैं भक्षक, सरकार यहाँ हरजाई ।।
आजा रे कृष्ण कनाई ।।

🕮 कथा 🕮

(आकाशवाणी के बाद)

✍दोहा॰ परम वचन है शास्त्र का, सत्त्व ज्ञान का सार ।
अनुसर कर ही जीत है, विपरीत चल कर हार ।।

ॐ श्लोकौ

नभोवाण्यवदत्कंसं भवेर्नाहिंसको यदि ।
देवक्या अष्टमः पुत्रः–तव हन्ता भविष्यति ।।

श्रुत्वाऽप्याकाशवाणीं तां कंसो मूढो हि पूर्ववत् ।
अकुरुत प्रतिज्ञां स हनिष्यामि च तं सुतम् ।।

(और फिर)

✍दोहा॰ सुन कर भी ऐलान वो, उसे लगी न लगाम ।
बाज न आया कंस वो, करने ओछे काम ।।

उसने सोचा, बाँसुरी, बजे न, रहे न बाँस ।
अगर देवकी के सभी, कर दूँ पुत्र खलास ।।

फिर उस पापी कंस ने, कीन्हा बहुत कमाल ।

वसुदेव और देवकी, दिये कैद में डाल ।।

गादी पर से बाप को, दिया तुरंत निकाल ।
बंदी करके भूप को, दिया कैद में डाल ।।

राजा अपने आपको, मथुरा का तत्काल ।
घोषित उसने कर दिया, मंत्री सब चंडाल ।।

मथुरा नगरी बन गयी, मरघट नरक समान ।
खून-खराबा ज्यादती, हिंसा कत्लेआम ।।

कंसराज के राज्य में, छाया था अन्याय ।
कोई ना खुशहाल था, मनुष्य, कुत्ता, गाय ।।

ॐ श्लोक:

देवकीवसुदेवौ स बन्दिगृहयस्थापयत् ।
बन्दीं च पितरं कृत्वा स मथुराऽधिपोऽभवत् ।।

♪ <u>बाल कृष्ण दोहावली छन्दमाला, मोती 18</u>

मौक्तिकदाम छन्द[21]

।ऽ।, ।ऽ।, ।ऽ।, ।ऽ।

(वसुदेव देवकी)

पिता, बहिना कर अंदर कंस ।
कहे, "अब हो न सके मम ध्वंस" ।। 1
उसे वसुदेव कहे, "सुन कंस! ।
न तू हि बचे न बचे तव अंस" ।। 2

(सात पुत्र)

✍दोहा॰ बंदी पर ताले लगे, जो ना तोड़े जाय ।

---

[21] **मौक्तिकदाम छन्द** : इस बारह वर्ण, 16 मात्रा वाले छन्द के चरण में चार ज गण आते हैं । इसका लक्षण सूत्र ।ऽ।, ।ऽ।, ।ऽ।, ।ऽ। इस प्रकार होता है । इसके पदान्त में विराम होता है ।

▶ लक्षण गीत : ✍ **दोहा॰ सोलह मात्रा की कला, चार ज गण का वृंद ।
अक्षर बारह हैं जहाँ, "मौक्तिकदाम" हि छंद ।।**

पहरे जोड़े रात दिन, कैदी भाग न पाय ।।

पहरेदारों को कहा, आज्ञा सुनो हमार ।
तुरंत हमको खबर दो, जन्मे जभी कुमार ।।

(फिर)

✍दोहा॰ पहला सुत जन्मा जभी, हुआ रुदन का नाद ।
रोता बालक देख कर, आज्ञा आयी याद ।।

दौड़ा आया तुरत वो, कंसराज के पास ।
बोला, बालक आगया, हाथ जोड़ कर दास ।।

सुन कर भावुक खबर वो, कंस भयांकित गात ।
भागा आया कैद में, करने शिशु का घात ।।

बच्चा माँ की गोद से, लीन्हा उसने छीन ।
खड़ा हुआ बालक लिये, हँसता लज्जा हीन ।।

(देवकी)

बोली रो कर देवकी, दया करो मम भ्रात! ।
अष्टम सुत की थी कही, नभवाणी में बात ।।

पहला मम ये पुत्र है, इसके मत लो प्राण ।
जब आवे सुत आठवाँ, तब करना कल्याण ।।

कंस न माना बात वो, वह था क्रोधित लाल ।
पटका शिशु पाषाण पर, बन कर उसका काल ।।

माता रोती रह गयी, पिता हुए बेहाल ।
कीन्हा शापित कंस को, अपने शब्द सँभाल ।।

हुआ असर ना कंस पर, सुन कर भी वह शाप ।
कुत्सितता से चल पड़ा, डरा न करने पाप ।।

(और फिर)

मारे उसने इस तरह, नन्हे बच्चे सात ।
पटक-पटक कर अश्म पर, यम बन कर साक्षात ।।

चिंता अब थी कंस को, अष्टम की दिन रात ।
बोला, हन कर आठवाँ, हूँगा निर्भय गात ।।

कंस प्रतीक्षा कर रहा, होकर अति बेचैन ।
नींद न आयी नैन में, चौकन्ना दिन रैन ।।

♫ बाल कृष्ण दोहावली छन्दमाला, मोती 19

तोमर छन्द[22]

9 + ऽ।

(आठवा पुत्र)

नशने वसुदेव-वंस । मारे सात सुत, कंस ।। 1
आठें की तकत राह । लागी कंस मन दाह ।। 2

श्लोकः

देवक्याः सप्त पुत्रान्स हत्वा प्रत्यैक्षताष्टमम् ।
अदधात्तालकं कारां प्रचोदयच्चद्वारिकान् ।।

बाल कृष्ण दोहावली गीतमाला, पुष्प 35

राग रत्नाकर, कहरवा ताल 8 मात्रा

(हे प्रभो!)

स्थायी

हे प्रभो! अब तो बता, दुख हरन कब आएगा- - - ।

अंतरा–1

सामने विपदा खड़ी है, देह पर छाले पड़े ।
तेरी माया के बिना, मन चयन नहीं पाएगा ।।

अंतरा–2

आस तुझ पर ही लगी है, हाथ हतबल हैं पड़े ।

---

[22] **तोमर छन्द :** इस 12 मात्रा वाले सम छन्द में चरणान्त में एक गुरु और एक लघु अक्षर आता है । इसका लक्षण सूत्र 9 + ग ल इस प्रकार होता है ।

▶ लक्षण गीत : **दोहा॰ बारह मात्रा में सजा, गुरु लघु कल से अंत ।**
नौवीं कल पर यति जहाँ, "तोमर" है वह छंद ।।

3. Story of the Wicked Kaṅsa

तेरे दरशन के बिना, अब सबर नहीं आएगा ।।

अंतरा–3

भाग्य सब रूठे पड़े हैं, ख्वाब सब टूटे पड़े ।
तेरी छाया के बिना, बोल क्या कर पाऊँगा ।।

अंतरा–4

प्राण की बाज़ी लगी है, जान के लाले पड़े ।
तेरी किरपा के बिना, सुख से मरण न आएगा ।।

 बाल कृष्ण दोहावली गीतमाला, पुष्प 36

(दुष्ट कंस की कथा)

स्थायी

स्वरदा ने सुंदर गाया है, नारद ने साज बजाया है ।
रतनाकर गीत रचाया है ।।

अंतरा–1

जब कंस बना नृप मथुरा का, अरु पितु को कारा में फेंका ।
वसुदेव देवकी फिर उसने, डाले कैद में सुत को हनने ।।
उसे नभ वाणी ने डराया है ।।

अंतरा–2

माऽरे कैद पे भारी ताले, निश–दिन रक्खे पहरे वाले ।
जब सात शिशु उसने मारे, पत्थर पर पटक पटक सारे ।
अब अष्टम की हि प्रतीक्षा है ।।

अंतरा–3

जिस को निश–दिन साँई तारे, उसको कैसे कोई मारे ।
जब अष्टम शिशु जग में आया, तब माया का बादल छाया ।
जिन लीला गजब चलाया है ।।

4. Story of Shri Krishna's birth

सर्ग ४
श्री कृष्ण जन्म की कथा
4. Story of Shri Krishna's birth

♫ बाल कृष्ण दोहावली छन्दमाला, मोती 20

सूर्यकान्त छन्द[23]

8 + 8 + 8 + ।ऽ

(कृष्ण–जन्म)

रात अँधेरी, बादर कारे, प्रचंड वृष्टि बरसे ।
ताल खुल गए, द्वार खुल गए, सुप्त सब निंदर से ।। 1
अर्ध रात में, अचेत जब थी, शाँत मथुरा नगरी ।
कान्हा आते, बोला पितु को, "चलो गोकुल डगरी" ।। 2

📖 **कथा** 📖

(कृष्ण जन्म)

✍ **दोहा॰** **बादल गर्जन घोर थी, मौसम था खूँखार ।**
श्यामल काला आगया, कान्हा कृष्ण कुमार ।।

आया आधी रात में, अँधियारी जब घात ।
बिजली का घन शोर था, भीषण थी बरसात ।।

(तब)

प्रकट हुए विष्णु तभी, देने आशीर्वाद ।
बोले, श्री वसुदेव को, रहे तुम्हें यह याद ।।

प्राण बचाने कृष्ण के, सबसे अहम है काम ।

---

[23] **सूर्यकांत छन्द** : इस 27 मात्रा वाले छन्द के चरण में 8, 16, 27 मात्रा पर यति विकल्प से आता है । इसका 26 वा वर्ण लघु और 27 वा वर्ण गुरु होता है ।

▶ लक्षण गीत : ✍ **दोहा॰ मात्रा सत्ताईस का, लघु गुरु कल से अंत ।**
अष्टम सोलह यति जहाँ, "सूर्यकांत" है छंद ।।

लेजाओ शिशु को अभी, सिर पर, गोकुल ग्राम ।।

नंद भवन में जाइये, रखने शिशु उस धाम ।
यशोमती की है हुई, कन्या परी ललाम ।।

लेकर उसको आइये, देकर पुत्र तिहार ।
आओ जल्दी लौट कर, राह तकत संसार ।।

देकर वर वसुदेव को, करने मंगल काम ।
मुग्ध होगयी देवकी, अदृश्य हुए भगवान ।।

(अत:)

सोए गहरी नींद में, सारे पहरेदार ।
ताले कारावास के, खुले कैद के द्वार ।।

निकले आनकदुंदुभि, लेकर नन्हा बाल ।
सिर पर रख कर टोकरी, त्वरित वेग की चाल ।।

गोकुल व्रज की राह पर, चले देवकीनाथ ।
यमुना सरिता आगयी, रुके जोड़ने हाथ ।।

यमुना थी जल से भरी, तेज बह रहा नीर ।
पानी छलांग कर रहा, नद के दोनों तीर ।।

यमुना रानी ने जभी, देखे कृष्ण कुमार ।
शाँत नदी वह होगयी, बोली, जाओ पार ।।

चरण कृष्ण के शुभ जभी, स्पर्श करी जलधार ।
मार्ग नदी में बन गया, करने सरिता पार ।।

शेष नाग ने कृष्ण पर, फन को दिया पसार ।
नागराज के छत्र से, रक्षित कृष्ण कुमार ।।

ॐ श्लोक:

आगतो मध्यरात्रौ स वृष्टौ ध्वान्ते प्रभञ्जने ।
द्वारपाला गताः निद्रां जातं द्वारमसंवृतम् ।।

4. Story of Shri Krishna's birth

दोहा॰ लीला देखो कृष्ण की, पहुँचे गोकुल धाम ।
धन्य धन्य वसुदेव जी, सुत जिनका, घनश्याम ।।

बाल कृष्ण दोहावली गीतमाला, पुष्प 37

(कृष्ण–जन्म)

स्थायी

कान्हा तेरी अचंभे की लीला रे, तुने जादू अनूठा है कीन्हा रे ।
तुने जादू अनूठा है कीन्हा रे ।।

अंतरा–1

अँधियारी तू रात में आया, कोई भी ये जान न पाया ।
अगम परम तेरी माया रे, तुने जादू अनोखा है कीन्हा रे ।।

अंतरा–2

सोये कंस के पहरे वाले, खुल गए बंदीगृह के ताले ।
छाये मेघ हैं काले रे, तुने जादू गजब सा है कीन्हा रे ।।

अंतरा–3

जमुना ने है मार्ग दीन्हा, शेष नाग ने छाता है कीन्हा ।
मथुरा से गोकुल आया रे, तुने जादू अजब सा है कीन्हा रे ।।

(वसुदेव जी)

दोहा॰ गोकुल में वसुदेवजी, आये नंद कुमार ।

रखा उन्हों ने कृष्ण को, सिर से डला उतार ।।

सुला दिया श्रीकृष्ण को, यशोमती की गोद ।
माता ने दे दी सुता, वसुजी को सह मोद ।।

रक्षा करने कृष्ण की, कीन्हा उसने त्याग ।
मातु यशोदा ने सही, सुता विरह की आग ।।

बोले वसुजी कृष्ण को, जुग जुग जीओ लाल ।
नंद-यशोदा के यहाँ, सुख से बीते काल ।।

गोकुल में तुम अब बसो, देवकीनंदन श्याम ।
मथुरा को हम लैटते, वहीं हमारा धाम ।।

ॐ श्लोकः

यमुना चाददान्मार्गं नेतुं कृष्णं हि गोकुलम् ।
वसुदेवः सुतं दत्त्वाऽनयद्यशोमतेः सुताम् ।।

बाल कृष्ण दोहावली गीतमाला, पुष्प 38

(देवकी नंदन)

स्थायी

देवकी नंदन साँवला काला, कारी अंधियारी रात में आया ।
कंस निकंदन बाल गोपाला, लीला दिखा कर मन भरमाया ।।

अंतरा-1

बंदीघर के खुल गए ताले, सो गए सारे पहरे वाले ।
मूसल वर्षा बादल काले, बिजली ने घन शोर मचाया ।।

अंतरा-2

लीला हरि की दे गई धोखे, नींद से भर गई कंस की आँखे ।
सारी रात सबको सुलवाया, मथुरा में कोई जान न पाया ।।

अंतरा-3

जल भरी जमुना मारग दीन्हा, छत्र शीश पे शेष ने कीन्हा ।
कंसअरि की देख लो माया, मथुरा से हरि गोकुल आया ।।

(कन्या)

दोहा॰ आए वसुजी कैद में, लेकर कन्या साथ ।
सोए थे रक्षक सभी, सिर पर रख कर हाथ ।।

रो कर बोली देवकी, सजल नैन के साथ ।
कन्या मेरी गोद में, दे दो यादवनाथ! ।।

कन्या का रोना सुना, जाग पड़े दरबान ।
बोले, बालक आगया, सबके मुख मुस्कान ।।

बाल कृष्ण दोहावली गीतमाला, पुष्प 39

(तुम जुग-जुग जियो)

स्थायी

तुम जुग-जुग जीयो मेरे लाल, यशोदा नंद के नंद गोपाल ।
धरती से गगन पाताल, करे तेरे सुमिरन साँझ सकाल ।।

अंतरा-1

नंद दुलारा, नैनों का तारा, मन मंदिर उजियारा ।
जीवन तेरा, लीला से घेरा, रंग भरा है घनेरा ।
सर्व जगत के तुम दिगपाल, पियारे नंद के नंद गोपाल ।।

अंतरा-2

दुनिया से न्यारा, प्रेम की धारा, प्रेमी जनन का प्यारा ।
कारज तेरा माया से घेरा, जादू का जस फेरा ।
सत्य जनन के तुम सत्पाल, नियारे विश्व के विश्वक पाल ।।

(कंस)

दोहा॰ बड़ी खबर वह कंस को, दीन्ही उसके दास ।
बैठा था बेचैन जो, बहुत लगाए आस ।।

आया पागल दौड़ता, कंस नशे में चूर ।
छीनी बाला गोद से, आदत से मजबूर ।।

माता ने रो कर कहा, कन्या है यह, भ्रात! ।

इससे ना धोखा तुम्हें, करो न इसका घात ।।

कहा कंस ने क्रोध में, बाला हो या बाल ।
बच्चा है यह आठवाँ, हम हैं उसके काल ।।

इतना कह कर कंस ने, उठाय नन्ही जान ।
पत्थर पर पटका उसे, लेने उसके प्राण ।।

गिरी सुता पाषाण पर, लीन्हा देवी रूप ।
तुरत उड़ गयी गगन में, अवाक् मथुराभूप ।।

(फिर भी)

अष्टम शिशु को मार कर, कंस भया निर्भीक ।
बोला, अब मैं अमर हूँ, अब है सब कुछ ठीक ।।

नभ वाणी मिथ्या करी, मैंने अब की बार ।
नारायण की ना चली, मानी उसने हार ।।

♪ बाल कृष्ण दोहावली छन्दमाला, मोती 21

उपचित्रा छन्द[24]

8 + ऽ + 4 + ऽ

(नभ वाणी)

असत्य नभ की वाणी करने । निर्दय मारे भांजे अपने ।। 1
अष्टम चाहे थी वह लड़की । पत्थर पर उसने दे पटकी ।। 2

✍ दोहा॰ अष्टम बालक मार कर, कंस भयो निश्चिंत ।
कहे, "अमर मैं हो गया, हो न सके मम अंत" ।। 91

ॐ श्लोक:

कन्यकामष्टमां हत्वा देवकीवसुदेवयोः ।

---

[24] **उपचित्रा छन्द** : इस 16 मात्रा वाले संस्कारी छन्द के चरण में किसी एक या अधिक चौकल में ज गण (। ऽ।) अवश्य होता है । इसकी नौवी और अन्तिम मात्रा गुरु होती है । इसका लक्षण सूत्र 8 + ग + 4 + ग इस प्रकार होता है ।

▶ लक्षण गीत : ✍ **दोहा॰ सोलह मात्रा में बना, गुरु मात्रा से अंत ।
रहे ल ग ल चौकल जहाँ, "उपचित्रा" वह छंद ।।**

4. Story of Shri Krishna's birth

निश्चिन्तश्चाभवत्कंस: सोऽमन्यतामरं च स्वम् ।।

(नारद जी)

दोहा॰ सुन कर बकबक कंस की, निरर्थ का अज्ञान ।
नारद मुनिवर आगये, देने उसको ज्ञान ।।

मुनिवर बोले कंस को, तुम्हें हुई है भूल ।
कन्या तुमने मार दी, किया काम प्रतिकूल ।।

वसुजी का सुत आठवाँ, गोकुल में है आज ।
मारी कन्या नंद की, तुमने मथुराराज! ।।
गोकुल जाकर तुम, सखे! करलो पश्चाताप ।
कृष्ण बड़े किरपाल हैं, हर लेंगे तव पाप ।।

 श्लोकौ

नारदश्चावदत्कंसं जीवितोऽस्ति सुतोऽष्टम: ।
वत्स! त्वं गोकुलं गत्वा कृष्णस्य शरणं व्रज ।।

हरिर्हरति पापानि यो पापाद्विमुखो भवेत् ।
यावच्छीघ्रं शुभं तावद्-दीर्घसूत्री विनश्यति ।।

🌹 बाल कृष्ण दोहावली गीतमाला, पुष्प 40

(सौ पाप)

स्थायी

सौ पापों से घड़ा भरे तो, नर भव से नरक में जाता है ।
पछता कर सत् राह धरे सो, वह पापों को धो पाता है ।।

अंतरा–1

हरि चरणन की आके शरण में, फिर सुख से मरना आता है ।

अंतरा–2

परे पाप के, पुण्य करम में, फिर हरि से उसका नाता है ।

अंतरा–3

हरि हो तन में हरि हो मन में, नित हरि के गुण जो गाता है ।

अंतरा–4

4. Story of Shri Krishna's birth

हरि दयालु हरि किरपालु, हर कोई हरि को भाता है ।

(कंस)

दोहा॰ सुन कर मुनिवर का कहा, भरा कंस में क्रोध ।
बोला, गोकुल रौंध कर, लूँगा मैं प्रतिशोध ।।

मुनिवर! मैं बलवान हूँ, क्षमा न मेरा काम ।
मुझे न पश्चाताप है, जिसमें है अपमान ।।

नारद जी! मुझको कहो, उस बालक का नाम ।
गोकुल जाकर मैं अभी, करता उसे तमाम ।।

दे कर उस उपदेश को, मुनिवर अंतर्धान ।
उनके उस उपदेश से, कंस न पाया ज्ञान ।।

ॐ श्लोकः
हनिष्यामि हि तं पुत्रम्-आह कंसो मुने! शृणु ।
गोकुलं प्रेषयित्वाऽहं सशस्त्रान्सैनिकानितः ।।

(फिर, कंस के दरबार में)

दोहा॰ सभा बुलाई कंस ने, मंत्री गण की खास ।
राक्षस जिन में थे सभी, अधम कंस के दास ।।

मायावी, कपटी, बुरे, अत्याचारी, चोर ।
मंत्री उसके थे बने, दुष्ट, पातकी घोर ।।

कोई क्रूर कसाई था, कोई माया जाल ।
कोई उगलता आग था, कोई शठ चंडाल ।।

कोई आँधी का धनी, कौई जहरी साँप ।
कोई बनता जानवर, सभी पकाते पाप ।।

धिंगामुश्ति फिर हुई, चुनने में इक नाम ।
भयी सभा में मंत्रणा, कौन करेगा काम ।।

हुआ आखरी फैसला, सेना का यह काम ।

गोकुल में जाकर करे, बच्चों का कत्लेआम ।।

बनी योजना आसुरी, करने ओछा पाप ।
उन्हें न बिलकुल ज्ञात था, हरिहर देंगे शाप ।।

हरिहर सब कुछ जानते, कौन आरहे लोग ।
क्या है उनकी योजना, क्या है उनको रोग ।।

(गोकुल में)

निकले सैनिक कंस के, लेकर कर हथियार ।
गोकुल के शिशु मारने, खड्ग, ढाल, तलवार ।।

बच्चे सारे मारने, यही उन्हें था काम ।
आज्ञा दी थी कंस ने, बिना किसी आराम ।।

व्रज में धारें रक्त की, बहीं जलोघ समान ।
रोए सब माता-पिता, हाय! हाय! भगवान! ।।

बाल कृष्ण दोहावली गीतमाला, पुष्प 41

राग देस,[25] कहरवा ताल

(सुनो रे हरि)

स्थायी

सुनो रे हरि! दुखी दीनन की पुकार ।

अंतरा-1

धर्म की युग-युग रक्षा करने, दुर्जन का संहार, सुनो रे हरि ।

अंतरा-2

अत्याचार है आम यहाँ पर, दिन में भी अंधकार, सुनो रे हरि ।

अंतरा-3

---

[25] **राग देस** : यह खमाज ठाठ का राग है । इसका आरोह है : ऩि सा रे, म प, नि सां । अवरोह : सां नि ध प, ध म ग, रे ग, ऩि सा ।

▶ लक्षण गीत : **दोहा॰ प रे वादि संवाद में, आरोही ग ध वर्ज्य ।**
अवरोही कोमल नि से, "देस" राग हो दर्ज ।।

मुख में राम बग़ल में छुरी, मन में घन अविचार, सुनो रे हरि ।

अंतरा–4

तुम सुर तारक असुर संहारक, निरधन के आधार, सुनो रे हरि ।

अंतरा–5

राह तकत सब पल–छिन तुमरी, कब लोगे अवतार, सुनो रे हरि ।

(फिर)

दोहा॰ लौटे जब सैनिक सभी, करके निर्घृण काम ।
अति आनंदित कंस था, उसे हुआ अभिमान ।।

बोला, अब मैं अमर हूँ, दुश्मन हुआ खलास ।
बजे न कोई बाँसुरी, बचा नहीं है बाँस ।।

श्लोकः

कंसदासा महाक्रूराः शिशूनघ्नञ्च गोकुले ।
मत्वा मया हतः कृष्णः कंसः स निर्भयोऽभवत् ।।

(परंतु)

दोहा॰ कंस हुआ निश्चिंत था, सुख सपनों में चूर ।
कृष्ण मरा, उसको लगा, खतरे से मैं दूर ।।

गोकुल में है खेलता, उधर, किशन कुमार ।
नंद–याशोदा के यहाँ, सजत रोज त्यौहार ।।

गुजरा यों आनंद में, एक वर्ष का काल ।
हुआ कृष्ण इस काल में, एक वर्ष का बाल ।।

गोकुल में उत्सव हुआ, जन्म–दिवस स्तुतिमान ।
हुआ न पहले सोहना, इतना जशन महान ।।

बाल कृष्ण दोहावली गीतमाला, पुष्प 42

(किशन जनम–दिन)

स्थायी

आयो री आयो, किशन जनम–दिन, आयो ।

4. Story of Shri Krishna's birth

इधर मुदित है माता जसोदा, उधर कहत है देवकी माता ।

कान्हा है, मोद जगायो ।।

अंतरा–1

आधी अंधियारी रात में आयो, सकल जगत को लीला दिखायो ।

अंतरा–2

घोर वृष्टि में मथुरा से आयो, मातु पिता के भाग्य जगायो ।

अंतरा–3

यमुना लाँघ के गोकुल आयो, नंद का नंदन गोप कहायो ।

(उत्सव)

दोहा॰ आज भरा है सोहना, व्रज धरती पर हर्ष ।
लगे यहाँ पर हो रहा, स्वर्ग भूमि का स्पर्श ।।

देव–देवता आगये, देने आशीर्वाद ।
राम–सिया, हनुमान जी, भक्त ध्रुव, प्रह्लाद ।।

गणेश, शंकर–पार्वती, कुबेर जी श्रीमंत ।
सरस्वती, नारद मुनि, साधु, संत, महंत ।।

व्रज के नर–नारी सभी, सज–धज सुंदर वेश ।
आये दर्शन के लिये, सबको मिला प्रवेश ।।

गाये गाने कृष्ण के, सितार–डमरू नाद ।
बोली सबने आरती, बाँटा मधुर प्रसाद ।।

श्लोका:

महोत्सवे महाऽऽनन्दे जन्मदिने शुभे हरेः ।
नारदः किन्नरा देवा विष्णुश्च शिव आगतः ।।

रामो लंबोदरश्चैव कुबेरो हनुमान्कपिः ।
ऋषयो मुनयो ब्रह्मा सुरा देव्यश्च पावनाः ।।

शारदा पार्वती सीता वाल्मीकिस्तुलसीस्तथा ।
नगर्याश्च जना सर्वे नरनार्यश्च बालकाः ।।

(और)

प्रसन्न व्रजवाले सभी, कृष्ण-जन्म के नाम ।
गृह-मंदिर हैं सज गये, सुंदर सारा ग्राम ।।

हलवाई हैं दे रहे, सबको लड्डू-खीर ।
बालक-बाला गा रहे, नाचत मयूर-कीर ।।

देत बधाई कृष्ण को, व्रज जन सब सुखगात ।
अभिनंदन बरसा रहे, नंद-यशोदा मात ।।

मथुरा के उस कैद से, अश्रु नैन से ढाल ।
मातु-पिता हैं कह रहे, जुग-जुग जीओ लाल! ।।

बाल कृष्ण दोहावली छन्दमाला, मोती 22

सखी छन्द[26]

9 + । ऽ ऽ अथवा 8 + ऽ ऽ ऽ

(कृष्ण-जन्मदिन)

कृष्ण का जन्म दिन आया । गोकुल में है सुख छाया ।। 1
शिव गौरी नारद आए । शुभाशीष शारद लाए ।। 2

फूल हार तोरण झूले । मन में समाये न फूले ।। 3
घर-घर पर उत्सव भारा । मुदित मन भया व्रज सारा ।। 4

बाल कृष्ण दोहावली गीतमाला, पुष्प 43

(हरि ओम् हरि ओम्)

स्थायी

हरि ॐ ॐ ॐ ॐ बोलो भगतों, बोलो भगतों ।

---

[26] **सखी छन्द :** इस 14 मात्रा वाले मानव छन्द के अन्त में म गण (ऽ ऽ ऽ) अथवा य (। ऽ ऽ) गण होता है । इसका लक्षण सूत्र 8 + ग ग ग अथवा 9 + ल + ग ग इस प्रकार होता है ।

▶ लक्षण गीत : **दोहा॰ चौदह मात्रा से सजा, गुरु गुरु कल से अंत ।**
जिसका मानव वर्ग है, "सखी" वही है छंद ।।

4. Story of Shri Krishna's birth

जोर से बजाओ रे मृदंग डमरू ।।

अंतरा-1

आज है हरि के जनम की लड़ी, जनम की लड़ी,
गोपी के मन में है भीड़ बड़ी ।
बाजे गोपी के पायल, बाजे घुँघरू, हो! बाजे घुँघरू ।
जोर से बजाओ रे मृदंग डमरू ।।

अंतरा-2

आज किशन के जनम की घड़ी, जनम की घड़ी,
भगतों के मन में उमंग चढ़ी ।
बाजे ढोलक मंजिरा, बाजे तुँबरू, हो! बाजे तुँबरू ।
जोर से बजाओ रे मृदंग डमरू ।।

 बाल कृष्ण दोहावली गीतमाला, पुष्प 44

(मंगल आशिष)

स्थायी

मंगल आशिष पाकर प्यारे, जुग-जुग जीते रहो ।
जनम-दिन तुम्हें मुबारक हो – –, हृदय से तुम्हें बधाई हो– – ।।

अंतरा-1

दर्शन तुमरे शुभ कहलाते, काम सुमंगल सबको भाते ।
सुमिरण जिनके चिर रह जाते, बीते समय की याद दिलाते ।।
आज भद्र जन सब आए हैं, उनको नमन करो ।
तुम्हें सब सदा हि सुख मय हो ।।

अंतरा-2

लड्डु समोसे पेढ़े पतीसे, खाएँ-गाएँ आज खुशी से ।
पुष्प प्रेम के तुम पर बरसे, उन्हें देखने इन्द्र भी तरसे ।।
आज सुहाना दिन आया है, प्रभु के स्मरण करो ।
सब को सदा हि तुम सुख दो ।।

अंतरा-3

माता-पिता के आँख के तारे, बंधु सखा गुरु जन के प्यारे ।

4. Story of Shri Krishna's birth

किरपा मय तुम सबके दुलारे, हास्य तुम्हारे सदा सुखारे ।।
आज हमारा मन गाता है, तुम जग में अमर रहो ।
विपदा कभी न तुम पर हो ।।

(नारद जी)

✍दोहा॰ दर्शन करके कृष्ण के, जोड़े दोनों हाथ ।
मथुरा फिर आकर मुनि, मिले कंस के साथ ।।

बोले मुनिवर कंस को, विशेष क्या थी बात ।
इतने शुभ त्यौहार में, तुम्हें न देखा, तात! ।।

आये थे सब पाहुने, देव-देवता लोग ।
उत्सव सुंदर था हुआ, प्रसन्न था तिरलोक ।।

(और)

✍दोहा॰ एक वर्ष का है हुआ, गोकुल में वह बाल ।
वसुजी का सुत आठवाँ, जिसके तुम थे काल ।।

(कंस)

✍दोहा॰ सुन कर मुनिवर का कहा, बोला वह तत्काल ।
गोकुल के बालक सभी, मारे पिछाले साल ।।

फिर यह बालक कौन है, क्या है उसका नाम ।
कहिये नारद जी हमें, कहाँ है उसका धाम ।।

गोकुल में इतने भला, बच्चे केसे आज ।
जो नाचत हैं मोद में, बिगाड़ हमरा काज ।।

ॐ श्लोकः
अहमहनमादौ च सर्वान्गोकुलबालकान् ।
जीवितस्तु कथं कृष्णो बाला अन्ये च गोकुले ।।

(नारदजी ने कहा)

✍दोहा॰ नारद बोले कंस को, तुम्हें हुई है भूल ।
भ्रम में हो तुम खो रहे, मथुराराज! फिजूल ।।

गोकुल में मारे नहीं, तुमने थे सब लाल ।

इक बालक था बच गया, जिसने करी कमाल ।।

उसने सारे कर दिये, जीवित आहत लोग ।
एक निमिष में हर लिया, दुःख व्यथा का सोग ।।

श्लोकः

सैनिकास्तव नाघ्नन्तान्-सर्वान्गोकुलबालकान् ।
नापश्यन्नेकबालं ते येन जीवयिताः परे ।।

बाल कृष्ण दोहावली गीतमाला, पुष्प 45

(जाको राखे कन्हाई)

स्थायी

जाको राखे कृष्ण कन्हाई, ताको मार सके ना कोई ।

अंतरा–1

काहे प्रभु से, करे लड़ाई, कृष्ण जगत के एक हैं साईं ।

अंतरा–2

छल बल तज के, संयम धर के, सोच जरा मन में हरजाई! ।

अंतरा–3

निर्मल मन से, निश्चल तन से, बात सुनो रे मेरे भाई! ।

अंतरा–4

भला देख ले, कहाँ है प्यारे! श्रीधर हैं सबके सुखदाई ।

(और)

दोहा॰ आज उसी का था, सखे! जन्म दिवस अभिराम ।
दर्शन करने आगये, शंकर सीता–राम ।।

किन्नर गाए गान थे, सुंदर वीणा तान ।
मुनियों ने मंतर पढ़े, नाचे थे हनुमान ।।

ऐसा उत्सव ना हुआ, कभी कहीं पर, तात! ।
उस बालक की शरण लो, सुनलो मेरी बात ।।

(कंस ने फिर कहा)

4. Story of Shri Krishna's birth

दोहा॰ बतला दो, मुनिवर! मुझे, उस बालक का नाम ।
फिर मैं सेना भेज कर, करता काम तमाम ।।

नारद बोले कंस को, अगणित जिसके नाम ।
एक नाम कैसे कहूँ, कहूँ उसे भगवान ।।

श्लोक:

को बालकः स मां ब्रूहि कृपया ननु नारद ।
नामधेयञ्च किं तस्य निवासस्तस्य कुत्र वै ।।

(नारद मुनि बोले)

दोहा॰ फिर भी, मुनिवर ने कहा, हरि है उसका नाम ।
रावण को जिसने हना, कहो वही यह राम ।।

गोकुल जाओ आज तुम, लेकर पूजा फूल ।
छूकर चरणन कृष्ण के, कहो हुई है भूल ।।

व्रज जाकर मांगो क्षमा, हरि हैं बड़े दयाल ।
मुक्त करेंगे पाप से, प्रभु जी बड़े कृपाल ।।

बाल कृष्ण दोहावली गीतमाला, पुष्प 46

कीर्तन : राग भैरवी, कहरवा ताल

(कृष्ण कन्हैया)

स्थायी

कृष्ण कन्हैया राधेश्याम, श्रीधर तेरे रूप ललाम ।
सुंदर प्यारे तेरे नाम ।।

अंतरा–1

ईश्वर ब्रह्मा हरि घनश्याम, शंकर विष्णु तू ही राम ।
गाओ मंगल कृष्ण के नाम ।।

अंतरा–2

दे दे किरपा का वरदान, पूरे हमरे कर अरमान ।
दीन दुखी का तू भगवान ।।

4. Story of Shri Krishna's birth

अंतरा-3

गाऊँ सौ-सौ तेरे नाम, ध्याऊँ तेरे रूप तमाम ।

अनुपम सारे तेरे काम ।।

शलोकौ

कृष्णं तं बालकं कंस त्वं तु हन्तुं न शक्ष्यसे ।

अतस्त्वं गोकुलं गत्वा कृष्णस्य शरणं व्रज ।।

हरिः क्षाम्यति पापानि स शरणागतस्य हि ।

यदि च पापिनः सत्यः पश्चातापो भवेद्धृदि ।।

<u>बाल कृष्ण दोहावली गीतमाला, पुष्प 47</u>

(मोहन)

स्थायी

मोहन हरि घनश्याम ।

प्रभु के सुंदर नाम हैं उतने, जितने जग में मंगल काम ।।

अंतरा-1

कृष्ण कन्हैया बाल गोपाला, मुकुंद माधव नंद का लाला ।

पावन शुभ सुख धाम ।।

अंतरा-2

गोकुल वाला श्यामल काला, गल बनमाला हरि ब्रज बाला ।

अमृत मय सत् नाम ।।

अंतरा-3

सब दुख हारी सब सुख कारी, मोर मुकुट धर कुंज बिहारी ।

सच्चिदानंद अभिराम ।।

अंतरा-4

गोविंद केशव बंसी बजैया, मुरली मनोहर भव खेवैया ।

अगणित शत शत नाम ।।

(फिर)

दोहा॰ नारद मुनि ने कंस को, देकर इतना ज्ञान ।
कृष्ण! कृष्ण! गाते हुए, क्षण में अंतर्धान ।।

सुन कर मुनिवर का कहा, कंस भया भयभीत ।
बोला, बालक मार कर, होगी मेरी जीत ।।

♫ बाल कृष्ण दोहावली छन्दमाला, मोती 23

डिल्ला छन्द[27]

12 + ऽ।।

(कंस मंडल)

श्रीकृष्ण को मारने आतुर । पूतना तृणावर्त बकासुर ।। 1
प्रलंब शंखचूड़ वत्सासुर । प्रद्योत व्योमासुर अघासुर ।। 2
केशी कालिया धेनुकासुर । कुवलयापीड़ मुष्टिक चाणूर ।। 3

(कंस दरबार)

दोहा॰ आये मंत्री कंस के, सभा भरी जब खास ।
मार डालने कृष्ण को, उतावले जो दास ।।

अपने-अपने हुनर के, सबने गाये गान ।
सब बोले, मेरे लिये, यह तो है आसान ।।

कहा एक ने मैं उसे, करूँ आग में भस्म ।
एक निमिष में कृष्ण की, कर दूँ अंतिम रस्म ।।

दूजा बोला फूंक से, भेजूँ नभ से पार ।
तीजा बोला डंक से, डालूँ उसको मार ।।

कोई बोला, शस्त्र से, कोई बन कर बैल ।

---

[27] **डिल्ला छन्द** : इस 16 मात्रा वाले छन्द के अन्त में भ गण (ऽ।।) आता है । इसका लक्षण सूत्र 12 + ग + ल + ल इस प्रकार होता है ।

▶ लक्षण गीत : दोहा॰ सोलह मात्रा का बना, गुरु लघु लघु कल अंत ।
बारह, ग ल ल सूत्र का, जानो "डिल्ला" छंद ।।

कोई बन कर गोप या, कोई बन कर मल्ल ।।

हुआ फैसला अंत में, छोटा है यह काम ।
भेजेंगे हम पूतना, पापन जिसका नाम ।।

जहर पिलादे बाल को, लेकर सुंदर रूप ।
पता चले ना क्यों मरा, बोला मथुराभूप ।।

बाल कृष्ण दोहावली गीतमाला, पुष्प 48

(कृष्ण-जन्म की कथा)

स्थायी

स्वरदा ने सुंदर गाया है, नारद ने साज बजाया है ।
रतनाकर गीत रचाया है ।।

अंतरा-1

उस रात अँधेरी काली में, उस लीलामय मतवाली में ।
सब सोये थे पहरे वाले, अरु खुल गए बंदी के ताले ।
श्रीकृष्ण कन्हैया आया है ।।

अंतरा-2

शिशु लेकर पितु निकले दैया! पथ दीन्ही है जमुना मैया ।
उस अँधियारे पल व्याकुल में, मथुरा नगरी से गोकुल में ।
श्रीकृष्ण कन्हैया आया है ।।

अंतरा-3

वसु गोकुल से लाए कन्या, जसमति माता धन्या धन्या ।
सुन शिशु रोने के सुर बाले, नृप को बोले पहरे वाले ।
श्रीकृष्ण कन्हैया आया है ।।

5. Story of Putana (Krishna's Childhood)

सर्ग ५
मायाविनी पूतना की कथा

5. Story of Putana (*Krishna's Childhood*)

♪ बाल कृष्ण दोहावली छन्दमाला, मोती 24

कामदा छन्द[28]

S I S, I S S, I S I, S

(पूतना)

बाल कृष्ण को, कालकूट का । दूध दे रही, दुष्ट आसुरी ।। 1
कृष्णचंद्र के, एक फूँक से । दुष्टपापिनी, पूतना मरी ।। 2

📖 कथा 📖

(पूतना)

दोहा॰ स्वसा कंस की, पूतना, महादेहिनी नार ।
मायास्वरूप धारिणी, छल करती हर बार ।।

आज्ञा लेकर **बंधु** से, करके नम्र प्रणाम ।
गोकुल आयी **पूतना**, करने पापी काम ।।

ऊपर धारण वेश था, सुंदर नारी रूप ।
अंदर से थी राक्षसी, विशालकाय कुरूप ।।

नंद भवन का रासता, लेकर चली चुड़ैल ।
चेहरे पर स्मित हास्य था, मन में उसके मैल ।।

---

[28] **कामदा छन्द** : इस दस वर्ण, 16 मात्रा वाले छन्द के चरण में र य ज गण और एक गुरु वर्ण आता है । इसका लक्षण सूत्र S I S, I S S, I S I, S इस प्रकार होता है । इसमें 5, 5 वे वर्ण पर यति विकल्प से आता है ।

▶ लक्षण गीत : दोहा॰ सोलह मात्रा में सजा, र य ज गण, गुरु अंत ।
वर्ण पाँच पर यति जहाँ, कहो "कामदा" छंद ।।

5. Story of Putana (Krishna's Childhood)

मुफत खिलौने दे रही, बच्चों को वह आज ।
जो बस केवल स्वाँग था, करने अपना काज ।।

(नारद जी)

रोका नारद ने उसे, देने सात्त्विक ज्ञान ।
बोले, तज यह पाप तू, खोएगी निज प्राण ।।

मानी ना वह राक्षसी, मुनिवर का उपदेश ।
बोली, मुझको है मिला, भाई से आदेश ।।

जैसी आज्ञा है मुझे, वही करूँगी काम ।
अपना रस्ता नापिये, जाओ अपने धाम ।।

निकल पड़े नारद मुनि, देकर उसको ज्ञान ।
उसी समय पर होगये, मुनिवर अंतर्धान ।।

बाल कृष्ण दोहावली गीतमाला, पुष्प 49

(मायावी पूतना)

स्थायी

यशोदा माँ का स्वरूप लेके, आई मायावी पूतना ।
बाल कृष्ण को दूध पिलाके, आप मरी कुछ करे बिना ।।

अंतरा–1

मातु यशोदा, गई जब जमुना, झूले में सोया था कान्हा ।

अंतरा–2

विष उसका था उसी को चढ़ा, बाल किशन को छूए बिना ।

अंतरा–3

कोई हँसे या, कोई रोए, तू करता कछु कहे बिना ।

(नंद भवन में)

दोहा॰ नंद भवन में आगयी, जब वह दुष्टा नार ।
अंदर सब कुछ शाँत था, खुला हुआ था द्वार ।।

5. Story of Putana (Krishna's Childhood)

बाल कृष्ण दोहावली गीतमाला, पुष्प 50

(लोरी गीत)

स्थायी

तू सोजा रे, कृष्ण! नंद के लाला! ।
तू सुख से सो, गोपाला! ।।

अंतरा–1

सपनों के जग में सुख है, उसमें न किसी को दुख है ।
उस दुनिया में, साथ मुझे भी लेजा । मैं संग तेरे, ब्रिजबाला! ।।

अंतरा–2

तू सबका मीत पियारा, सबके नैनन का तारा ।
ब्रज भूमि में, स्वर्ग बसाने, कान्हा! तूने है जादू डाला ।।

अंतरा–3

लोरी ये गाकर माता, कहती है तुझको, ताता! ।
तू सोजा रे, बिना किसी भी चिंता, राघव तुझको रखवाला ।।

(तब)

दोहा॰ मातु यशोदा थी गयी, जमुना करने स्नान ।
शयन कक्ष में नंद थे, जपत राम का नाम ।।

झूले में था सो रहा, कृष्ण नंद का लाल ।
जानत है, जो आगयी, कृत्रिम गोरे गाल ।।

भीतर आकर पूतना, खड़ी होगयी ढीठ ।
दरवाजे की ओर थी, कीन्ही उसने पीठ ।।

ढूंढ रही थी कृष्ण को, कहाँ है सोया बाल ।
दूध पिला दूँ मैं उसे, बन कर उसकी काल ।।

कृष्ण जानते हैं उसे, क्या है उसकी चाल ।
और जानते हैं सही, को है किसका काल ।।

(पूतना)

दोहा॰ देखा उसने कृष्ण को, झूले में था लाल ।

आकर उसने कृष्ण को, उठा लिया तत्काल ।।

बोली, अब तू ना बचे, पीले थोड़ा दूध ।
पाँच निमिष के समय में, होगा तू बेसुध ।।

सिमर नाम भगवान का, जो भी आवे याद ।
खो जावेगा होश तू, पाँच निमिष के बाद ।।

(कृष्ण)

दोहा॰ अपना ही मुझको, सखे! लेना होगा नाम ।
मैं ही ब्रह्मा, विष्णु हूँ, मैं ही शिव, श्रीराम ।।

क्षमा माँग कर शरण ले, होजावे कल्याण ।
घोर कर्म तू ना तजे, खोएगी तू प्राण ।।

♫ बाल कृष्ण दोहावली छन्दमाला, मोती 25

अरिल्ल छन्द[29]

11 + । ऽ ऽ ऽअथवा 14 + ।।

(दुष्ट पूतना)

दुष्ट पूतना गोकुल आई । पाप कर्म की करी ढिठाई ।। 1
बाल कृष्ण को पकड़ उठाया । दूध पिलाने गोद बिठाया ।। 2

(परंतु)

दोहा॰ आँख मिला कर कृष्ण ने, देखा उसकी ओर ।
ममता-भाव जगा दिया, माँ-बेटे की तौर ।।

नजर मिला कर राक्षसी, सहमी थोड़ी देर ।
याद आगया बंधु जब, आँखें लीन्ही फेर ।।

---

[29] **अरिल्ल छन्द :** इस 16 मात्रा वाले संस्कारी छन्द के अन्त में दो लघु मात्राएँ अथवा त गण (। ऽ ऽ) आता है, ज गण कभी नहीं आता है । इसका लक्षण सूत्र 14 + ल ल अथवा 11 + ल ग ग इस प्रकार होता है ।

▶ लक्षण गीत : दोहा॰ **सोलह मत्ता से बना, ल-ग-ग, कभी ल-ल अंत ।**
न हो त गण अंतिम कभी, "अरिल्ल" है वह छंद ।।

5. Story of Putana (Krishna's Childhood)

कहा कृष्ण ने, सोच ले, करना क्या है काम ।
मरना तेरा अटल है, होगी तू बदनाम ।।

रावण था मैंने हना, बाली खोया प्राण ।
भरा कंस का है घड़ा, पाप कर्म से पूर्ण ।।

तुम क्यों अपने प्राण को, गवाँ रही हो व्यर्थ ।
सेवा करके कंस की, जिसमें ना है अर्थ ।।

बाज न आयी पूतना, करने कलुषित काम ।
उसे भरोसा कंस पर, पाने को ईनाम ।।

 बाल कृष्ण दोहावली गीतमाला, पुष्प 51

(सुनो सखे)

स्थायी

सुनो कहना सखे मेरा, जमाना सिर नवाएगा ।
हटाओ पाप को मन से, ये मौका फिर न आएगा ।।

अंतरा–1

सुधारो भूल अपनी को, भुलादो बैर के कल को ।
बनाओ सफल जीवन को, ये सौदा फिर न आएगा ।।

अंतरा–2

बिसारो यार को ऐसे, जगत को जो सताता है ।
बिठालो प्यार को दिल में, ये लौटा फिर न आएगा ।।

अंतरा–3

मिला है आज ये मौका, दुबारा फिर न आएगा ।
संभालो आखरी दम तक, ये दौड़ा फिर न आएगा ।।

(फिर भी)

दोहा॰ लीन्हा उसने कृष्ण को, अपनी गोद लिटाय ।
मुख में स्तन को डाल कर, दीन्हा दूध पिलाय ।।

उसी दूध को कृष्ण ने, छोड़ा उसके काय ।

विष बाधा से पूतना, गिरी धरा पर, धाँय! ।।

लेट गयी वह राक्षसी, मिरगी चक्कर खाय ।
तन से प्राण निकल रहे, चिल्लाई वह, हाय! ।।

विष के छूते पूतना, रही न सुंदर रूप ।
बनी पूतना राक्षसी, कराल दंत स्वरूप ।।

ॐ श्लोक:

कंसेन प्रेषिता हन्तुं पूतना गोकुले शिशुम् ।
पाययित्वा विषं कृष्णम्-अम्रियत तु साऽसुरी ।।

♫ बाल कृष्ण दोहावली छन्दमाला, मोती 26

माली छन्द[30]

5 + ऽ ऽ, 5 + ऽ ऽ

(केशव)

शिशु केशवाने, कृष्ण कान्हा ने ।
आसुरी भारी, पूतना मारी ।।

(नंद जी)

दोहा॰ **सुन कर उसका चीखना, आये बाबा नंद ।**
धरती पर थी राक्षसी, आँखें उसकी बंद ।।

यशोमती भी आगयी, करके यमुना-स्नान ।
देखा. घर में राक्षसी, लेटी है घमसान ।।

बैठा उसकी तोंद पर, नन्हा कृष्ण कुमार ।
ताली मारत हाथ से, महाकाय को मार ।।

फैली व्रज में खबर वो, विद्युत गति के साथ ।

---

[30] **माली छन्द :** इस 18 मात्रा वाले महासंस्कारी छन्द के अन्त में एक गुरु मात्रा आती है । इसका लक्षण सूत्र 5 + ऽ ऽ, 5 + ऽ ऽ इस प्रकार होता है । यति 9 पर ।

▶ लक्षण गीत : **दोहा॰ मत्त अठारह से बना, दो गुरु कल से अंत ।**
पाँच, गुरु गुरु, क्रम जहाँ, "माली" जाना छंद ।।

5. Story of Putana (Krishna's Childhood)

"मरी पूतना राक्षसी, जीते गोकुलनाथ" ।।

बाल कृष्ण दोहावली गीतमाला, पुष्प 52

राग खमाज, तीन ताल

(दीप जलाओ)

स्थायी

आज खुशी के दीप जलाओ, मन अंधियारा दूर भगाओ ।

अंतरा–1

आई समस्या बहुत विकट है, संकट के पीछे संकट हैं ।
सब मिल जुल कर हाथ बढ़ाओ ।।

अंतरा–2

उत रावण था, इत ये कंस है, अरियन का यदि करना ध्वंस है ।
राम नाम का तीर चलाओ ।।

अंतरा–3

एक सहारा कृष्ण कनाई, जग रखवारा और न कोई ।
किशन भजन की रीत चलाओ ।।

(नारद जी कंस दरबार में)

दोहा॰ मरी पूतना राक्षसी, बाल कृष्ण के हाथ ।
मथुरा में भी शोर था, कृष्ण विजय के साथ ।।

सुनी खबर वो कंस ने, अविश्वास के साथ ।
समझ न पाया क्या हुआ, लगा मसलने हाथ ।।

नारद बोले कंस को, सुनलो मेरी बात ।
भला कहाँ है जान लो, प्राण बचाओ, तात! ।।

गहो शरण तुम कृष्ण की, क्षमा याचलो आज ।
जिद को प्यारे! छोड़ दो, बिगड़ न जावे काज ।।

कृष्ण दयालु देव हैं, हर लेते हैं पाप ।
शरणागत को प्रेम से, अपनाते हैं आप ।।

5. Story of Putana (Krishna's Childhood)

बूझ न पाया कंस वो, नारद जी की बात ।
बोला, हम करके रहें, बाल कृष्ण का घात ।।

मुनि ने दी थी कंस को, पूर्व सूचना खास ।
फिर भी पापी कंस ने, खोया अपना दास ।।

 बाल कृष्ण दोहावली गीतमाला, पुष्प 53

(पूतना राक्षसी की कथा)

स्थायी
स्वरदा ने सुंदर गाया है, नारद ने साज बजाया है ।
रतनाकर गीत रचाया है ।।

अंतरा–1
जब आई पूतना गोकुल में, तब कृष्ण अकेला था घर में ।
शिशु गोदी में उसने लीन्हा, स्तन विष का उसके मुख दीन्हा ।
ये चक्कर कंस चलाया है ।।

अंतरा–2
श्रीकृष्ण ने विष उसके स्तन का, उसके तन में वापस फूंका ।
तभी असुरी ने दम तोड़ा, अरु नीचे गिर कर तन छोड़ा ।
श्रीकृष्ण प्रभु की माया है ।।

अंतरा–3
सब गोकुल में आनंद भरा, उत मथुरा में नृप कंस डरा ।
फिर भी बोला मैं नहिँ हारा, अभी दास बचे मेरे ग्यारा ।
फिर कब ये काम में आने हैं ।।

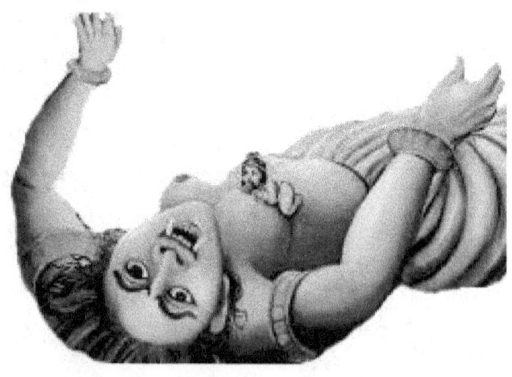

6. Story of Trinavart (Krishna's Childhood)

सर्ग ६
मायावी राक्षस तृणावर्त की कथा
6. Story of Trinavart (*Krishna's Childhood*)

♫ बाल कृष्ण दोहावली छन्दमाला, मोती 27

यूथिका छन्द[31]

ऽ। ऽ, ।।।, ऽ।।, ऽ। ऽ

(तृणावर्त)

नंद के घर तृणाव्रत आ गया ।
कृष्ण को जकड़ के नभ में उड़ा ।। 1
कृष्ण ने तिन दबा कर ग्रीव को ।
कंसदास-शठ-राक्षस को हना ।। 2

📖 **कथा** 📖

(तृणावर्त)

✍ दोहा० मरी पूतना जब स्वसा, बाल कृष्ण के हाथ ।
रची योजना दूसरी, करने उसका घात ।।

तृणावर्त था कंस का, इक मायावी दास ।
जिसके गुण पर कंस को, गहरा था विश्वास ।।

तृणावर्त इक फूँक से, लाता आँधी वात ।
लेकर उड़ता गगन में, करने नर का घात ।।

गिर कर नर आकाश से, होता चकनाचूर ।

---

[31] **यूथिका छन्द** : इस छन्द के चरणों में बारह वर्ण, 17 मात्रा होती हैं । इसमें र न भ र गण आते हैं । इसका लक्षण सूत्र ऽ। ऽ, ।।।, ऽ।।, ऽ। ऽ होता है । पद के अन्त में विराम आता है ।

▶ लक्षण गीत : ✍ **दोहा० सत्रह मात्रा का बना, र न भ र गण का वृंद ।**
रचना बारह वर्ण की, कही "यूथिका" छंद ।।

फूँक मात्र से वृक्ष भी, उड़ते कोसों दूर ।।

मंत्री भी सब कंस के, रहते उससे दूर ।
उससे डरते थे सभी, बड़े-बड़े भी शूर ।।

ॐ श्लोकौ

मायावी राक्षसो दुष्टः कंसमन्त्री तृणाव्रतः ।
कारयति स फूत्कृत्वा चण्डवातं यथेच्छया ।।

उत्क्षिप्य गगने हन्तुं पातयति च भूतले ।
नराश्च पशवः सर्वे तस्मात्सदैव बिभ्यति ।।

(अत:)

दोहा॰ इक दिन उसको कंस ने, शीघ्र बुलाया पास ।
बोला लाजिम काम है, सुयोग्य तुम हो दास ।।

जाओ गोकुल आज तुम, करने जोखिम काम ।
नंद भवन से कृष्ण का, करदो काम तमाम ।।

लेकर तुम शिशु कृष्ण को, उड़ो गगन से पार ।
गिराय फिर आकाश से, डालो उसको मार ।।

बिना कृष्ण को मार कर, लौटो मत दरबार ।
करो कृष्ण को मार कर, हमें अमर इस बार ।।

(गोकुल में, तृणावर्त)

दोहा॰ मथुरा से जब आगया, तृणावर्त बदमाश ।
गोकुल में सब शाँत था, धरती से आकाश ।।

कहीं न कोई था दुखी, न ही कहीं संताप ।
ना कोई करता खता, ना ही करता पाप ।।

(नारद जी)

दोहा॰ तभी गगन से आगये, मुनिवर उसके पास ।
बोला मुनिवर ने उसे, मत कर आत्म विनाश ।।

इसी स्थान पर था दिया, मैंने उसको ज्ञान ।

मगर न मानी पूतना, ना ही दीन्हा ध्यान ।।

मरी पूतना राक्षसी, बाल कृष्ण के हाथ ।
बहुत दुखद थी बात वो, तुझको होगी ज्ञात ।।

तेरा भी होगा वही, जो था उसका हाल ।
वापस घर तू जा अभी, तज दे यह जंजाल ।।

बाल कृष्ण दोहावली गीतमाला, पुष्प 54

(तृणावर्त)

स्थायी

इन लोगों को ये क्या हुआ है, इन्हें क्यों लगी ये बद दुआ है ।
इन लोगों को, ये क्या हुआ है ।।

अंतरा–1

ईश्वर से भी नहीं ये डरते, मन में आया वही हैं करते ।
आस्तिक नास्तिक एक हुए हैं, इन्हें जिंदगी ये बस जूआ है ।
इन लोगों को, ये क्या हुआ है ।।

अंतरा–2

पत्थर से लेते टक्कर हैं, खच्चर से ज्यादा कट्टर हैं ।
धर्म-कर्म सब नष्ट हुआ है, प्यास लगे खोदे कूँआ हैं ।
इन लोगों को, ये क्या हुआ है ।।

(मुनि का उपदेश सुन कर)

दोहा॰ सुन कर मुनि से ज्ञान वो, तृणावर्त को क्रोध ।
बात न भायी वह उसे, वह ना पाया बोध ।।

उसने मुनिवर को कहा, मैं हूँ सच्चा वीर ।
बच्चे से ना डर मुझे, डालूँ उसको चीर ।।

मुनियों से भी ना डरूँ, लाऊँ मैं तूफान ।
अपना रस्ता नापिये, मुझे न दो अज्ञान ।।

अधिक दिया यदि बोध तो, लेजाऊँ आकाश ।
नीचे गिराय आपका, कर दूँ सत्यानाश ।।

(नारद जी)

हँस कर मुनिवर ने कहा, डरूँ न नभ के नाम ।
नभ से आता रोज मैं, नभ है मेरा धाम ।।

इतना कह कर चल पड़े, नारद मुनि कैलास ।
कृष्ण! कृष्ण! गाते हुए, पहुँच गये आकाश ।।

मूरख को ना दीजिये, किसी तरह प्रज्ञान ।
समझे उस विज्ञान को, मूरख तो अज्ञान ।।

मूरख को तो चाहिये, मूरख से ही मेल ।
कूँए में अज्ञान के, देगा तुम्हें धकेल ।।

♫ <u>बाल कृष्ण दोहावली छन्दमाला, मोती 28</u>

सिंह छन्द[32]

12 + ।। ऽ अथवा 14 + ।।

(बालकृष्ण अपहरण)

खड़ा तृणाव्रत नंद भवन में । नंद सुप्त थे कक्ष शयन में ।। 1
छीना उसने शिशु जसमति से । उड़ा गगन में सत्वर गति से ।। 2

📖 **कथा** 📖

(नंद भवन में)

✍दोहा॰ नंद भवन में नंद जी, और यशोदा मात ।
बैठा माँ की गोद में, कृष्ण कर रहा बात ।

उतने में ही आगया, राक्षस भूत सवार ।
एक लात से मार कर, तोड़ा उसने द्वार ।।

---

[32] **सिंह छन्द** : इस 16 मात्रा वाले संस्कारी छन्द के चरणों के अन्त में दो लघु मात्राएँ (।।) अथवा स गण (।। ऽ) आता है । विराम चरणान्त ।

▶ लक्षण गीत : ✍ **दोहा॰ सोलह मात्रा से बना, ग ग ल कभी ल ल अंत ।**
संस्कारी श्रेणी जिसे, "सिंह" कहा वह छंद ।।

खड़ा होगया सामने, करता गर्जन घोर ।
इधर–उधर वह देखता, मचा रहा था शोर ।

बोला, मैं बलवान हूँ, कंसराज का दास ।
तीन निमिष में कृष्ण को, लाओ मेरे पास ।।

आज बाल कृष्ण का, कर दूँगा मैं घात ।
आज्ञा दी है कंस ने, करने को आघात ।।

कोई कुछ मत बोलना, बहुत मिल चुका ज्ञान ।
दे दो बच्चा शाँति से, लेलूँ उसकी जान ।।

मातु–पिता गाने लगे, राम! राम! का गान ।
कृष्ण मातु की गोद में, लगा रहा था ध्यान ।।

तृणावर्त ने गोद से, छीना माँ का लाल ।
रोक सके ना नंद जी, होनी सके न टाल ।।

काँधे पर रख कृष्ण को, निकला वह शैतान ।
फूँक मार कर उड़ गया, पहुँच गया आसमान ।।

नभ से नारद कृष्ण पर, डाल रहे थे फूल ।
कहा उन्हों ने, कृष्ण का, सब कुछ हो अनुकूल ।।

(कृष्ण)

✍दोहा॰ तृणावर्त से कृष्ण ने, कही काम की बात ।
अब भी ले चल घर मुझे, कुछ ना बिगड़ा, भ्रात! ।।

मुझे मारने का, सखे! तज दे तू अविचार ।
खोएगा निज प्राण तू, कर ले सोच विचार ।।

माना बात न कृष्ण की, अधम कंस का दास ।
बोला, अब तू देख ले, करता तुझे खलास ।।

तथास्तु कह कर कृष्ण ने, करने उसको मूक ।
गला दबाया जोर से, मार सके ना फूँक ।।

6. Story of Trinavart (Krishna's Childhood)

मार सका ना फूँक वो, फिर तो उड़ा न जाय ।
तृणावर्त अब गगन से, गिरा धरा पर, धाँय! ॥

♪ बाल कृष्ण दोहावली छन्दमाला, मोती 29

मत्त समक छन्द[33]

8 + 1 + 7

(तृणावर्त वध)

उड़ा तृणाव्रत लिए कृष्ण को । बालक प्रभु हैं, पता न उसको ॥ 1
हरि ने उसका गला दबाया । नभ से उसको तले गिराया ॥ 2

दोहा०   गिरा तृणाव्रत गगन से, उड़ी गगन तक धूल ।
गिरे कृष्ण भी गगन से, गिरता जैसे फूल ॥

तिरणाव्रत नभ से गिरा, हुई साँस जब बंद ।
चूरा होकर मर गया; मधुबन में आनंद ॥

मुनि ने दी थी कंस को, पूर्व सूचना खास ।
फिर भी मूरख कंस ने, खोया दूजा दास ॥

☼ श्लोक:

हन्तुं कृष्णञ्च कंसेन सम्प्रेषितस्तृणाव्रत: ।
कण्ठं निपीड्य कृष्णेन हतस्तृणाव्रत: परम् ॥

 बाल कृष्ण दोहावली गीतमाला, पुष्प 55

राग : रत्नाकर, कहरवा ताल 8 मात्रा

(गिरा तृणाव्रत)

---

[33] **मत्त समक छन्द** : इस 16 मात्रा वाले संस्कारी छन्द के चरणों की 9 वीं मात्रा लघु होती है । विराम चरणान्त ।

▶ लक्षण गीत : ✍ दोहा०. सोलह मात्रा से बना, देता मन आनंद ।
नौवीं मात्रा लघु जहाँ, "मत्त समक" है छंद ॥

6. Story of Trinavart (Krishna's Childhood)

स्थायी

आसमान से गिरा तृणाव्रत, आसमान तक उछली धूल ।
आसमान से श्रीहरि उतरे, आसमान के जैसे फूल ।।

अंतरा–1

काम हरि का सबसे न्यारा, लगता सबको प्यारा है ।
कृष्ण हमारा पालन हारा, कृष्ण ही खेवनहारा है ।
जो भी उसको चला दुखाने, मूरख वो करता है भूल ।।

अंतरा–2

नंद का लाला जग उजियाला, सबसे लगे निराला है ।
श्याम गोपाला हिम्मत वाला, कृष्ण सखा मतवाला है ।
आई पूतना जहर पिलाने, पेट में उसके निकली शूल ।।

अंतरा–3

माया हरि की जादू से भरी, लगती विस्मयकारी है ।
कृष्ण राम हैं, कृष्ण हरि हैं, कृष्ण–कृपा हितकारी है ।
आया तृणाव्रत कृष्ण मारने, आप मरा वो मिटा समूल ।।

बाल कृष्ण दोहावली गीतमाला, पुष्प 56

(तृणावर्त राक्षस की कथा)

स्थायी

स्वरदा ने सुंदर गाया है, नारद ने साज बजाया है ।
रतनाकर गीत रचाया है ।।

अंतरा–1

तिरणाऽव्रत कंस को भाता है, जो फूंक से झंझा लाता है ।
नारद ने उसको समझाया, उसको उपदेस नहीं भाया ।
उसे कंसा ने भड़काया है ।।

अंतरा–2

वो राक्षस नंद के घर धाया, अरु द्वार तोड़ अंदर आया ।
जसमति से बालक छीना है, शिशु काँधे पर धर लीन्हा है ।
श्रीकृष्ण को नभ में उड़ाया है ।।

6. Story of Trinavart (Krishna's Childhood)

अंतरा–3

नभ में कृष्ण से राक्षस बोला, "अब तुझे गिराय करूँ चूरा" ।
तब कृष्ण दबाय गला उसका, दिखलाया तिन दैवी नुसका ।
श्रीकृष्ण तैरता आया है ।।

7. Story of the Universal Display (Krishna's Childhood)

सर्ग ७

ब्रह्माण्ड दर्शन की कथा

7. Story of the Universal Display (*Krishna's Childhood*)

♫ बाल कृष्ण दोहावली छन्दमाला, मोती 30

शारदा छन्द[34]

5 + 8 + 8 + 7 + ऽ – 5 + 7 + ऽ

(ब्रह्माण्ड दर्शन)

देखिए! वदन "आ" किए, मातृ के लिए, कृष्ण मुख खोला ।
तुंड में विश्व का गोला ।। 1
देख ले! पुनः ना मिले, दृश्य ये भले, श्याम जब बोला ।
आस्य[35] में जगत का गोला ।। 2

ॐ श्लोकः

जगत्पिता प्रभुर्रामो कृष्णावताररूपकः ।
अदर्शयन्मुखे मात्रे विश्वमण्डलदर्शनम् ।।

📖 कथा 📖

✍ दोहा॰ जगत पिता प्रभु राम ने, लिया कृष्ण अवतार ।
मुख में देखा मातु ने, भू मण्डल विस्तार ।।

राम-श्याम अवतार दो, रूप एक, दो नाम ।
श्याम यहाँ पर कृष्ण हैं, राम यहाँ बलराम ।।

---

[34] **शारदा छन्द :** इस 30-14 मात्रा वाले विषम छन्द में 5, 8, 8, 7 + ऽ – 5, 7 + ऽ मात्रा आती है । चरणों के अंतिम वर्ण गुरु होते हैं ।

▶ लक्षण गीत : ✍ **दोहा॰ चौदह कल सम चरण में, गुरु मात्रा से अंत ।**
तीस मत्त हों विषम में, वही "शारदा" छंद ।।

[35] **आस्य** (सं) **:** (हिन्दी) मुख, वदन ।

7. Story of the Universal Display (Krishna's Childhood)

पत्नी दो वसुदेव कीं, दैविकेय घनश्याम ।
अग्रज था घमश्याम का, रौहिणेय बलराम ।।

राम-श्याम नित खेलते, आँगन में कुछ खेल ।
कभी गेंद को ठेलते, कभी गेंद को झेल ।।

नंद-यशोदा देखते, प्रति दिन उनके खेल ।
कौतुक में आनंद का, उनके मन में मेल ।।

(एक दिन)

दोहा॰ खेल रहे थे एक दिन, श्याम राम के साथ ।
देख रहे थे खेल वो, नंद यशोदा-मात ।।

खेल-खेल में कृष्ण ने, धरती से कछु बात ।
उठाय मुख में डाल दी, देख रही थी मात ।।

माता बोली कृष्ण को, जो मुख डाली चीज ।
मिट्टी खाना गलत है, बीमारी की बीज ।।

मिट्टी में कृमि-जंतु हैं, कीट-मकौड़े, तात! ।
मिट्टी खाना अहित है, बहुत बुरी है बात ।।

मुख में क्या डाला कहो, मुझे दिखाओ, श्याम! ।
खोलो मुख, मैं देख लूँ, क्या है कीन्हा काम ।।

(एक दिन)

दोहा॰ सुन कर आज्ञा मातु की, हरि मुख दीन्हा खोल ।
हरि के मुख में मातु को, दिखा विश्व का गोल ।।

माता को विस्मय हुआ, अति कुतुहल के साथ ।
अनजाने में मातु ने, जोड़े हरि को हाथ ।।

छोटे मुख में कृष्ण के, दिखा अखिल ब्रह्मांड ।
विश्वरूप दर्शन मिले, विराट रूप प्रकांड ।।

7. Story of the Universal Display (Krishna's Childhood)

बाल कृष्ण दोहावली गीतमाला, पुष्प 57

(कान्हा माटी खायो)

स्थायी

नंद जी! आज कान्हा माटी खायो ।
मोहे, मुख में विश्व दिखायो ।
नंद जी! आज कान्हा माटी खायो ।।

अंतरा–1

मैं बोली, अपने घर लटके, दूध दधि–माखन के मटके ।
फिर क्यों माटी चखायो ।
नंद जी! आज कान्हा माटी खायो ।।

अंतरा–2

बोला, माटी से ही सब आवे, माटी में ही सब मिल जावे ।
मोहे, कान्हा ज्ञान सिखायो ।
नंद जी! आज कान्हा माटी खायो ।।

अंतरा–3

देखा मैंने उसके मुख में, विश्व समाया सब है सुख में ।
मोहे, कान्हा नेहा लगायो ।
नंद जी! आज कान्हा माटी खायो ।।

अंतरा–4

कान्हा मोरा विश्वरूप है, शिशु गोपन का बाल भूप है ।
मोहे, दैवी दरस लखायो ।
नंद जी! आज कान्हा माटी खायो ।।

♫ बाल कृष्ण दोहावली छन्दमाला, मोती 31

मनोरम छन्द[36]

---

[36] **मनोरम छन्द :** इस 14 मात्रा के मानव छन्द के चरणों के आदि में एक गुरु वर्ण (ऽ), और अंत में य गण (। ऽ ऽ) अथवा भ गण (ऽ।।) आता है । विराम चरणान्त है ।

▶ लक्षण गीत : ✍ **दोहा॰ चौदह मात्रा से बना, य वा भ गण से अंत ।**
गुरु मात्रा से आदि हो, वही "मनोरम" छंद ।।

7. Story of the Universal Display (Krishna's Childhood)

ऽ + 7 + ।ऽऽ अथवा ऽ + 8 + ऽ।।

(कान्हा माटी खायो)

आज मिट्टी किशन खायो । विश्व वो मुख में दिखायो ।। 1
विश्व हरि के तन बिराजत । कान्हा मम मन में राजत ।। 2

दोहा॰ **निहार गोला विश्व का, याद हुए कपि बोल ।**
हनूमान ने था कहा, "धरती माँ है गोल"[37] ।। 104

स्वयंचलित उस विश्व में, त्रिभुवन का दीदार ।
चंद्र सूर्य तारे दिखे, कुदरत का विस्तार ।।

गिरि, सरिता, सागर दिखे, तरु, खग, मानव मंच ।
देव-देवता, सुर दिखे, एक स्थान में संच ।।

त्रिलोक का दर्शन किये, माता को अहसास ।
विश्वरूप श्रीकृष्ण का, हमरे मन में वास ।।

<u>बाल कृष्ण दोहावली गीतमाला, पुष्प 58</u>

(विश्व दीदार)

स्थायी

सखी! मुख में जिसके विश्व दीदार, किशन विराजे मन में हमार ।
हरि दरशन से आए खुमार, मेरो सब कुछ नंद कुमार ।।

अंतरा-1

जग कहता है कृष्ण साँवला, अंग भुलाए जग है बावला ।
अंदर देखो, यदि एक बार, रंग हरि के हैं बेशुमार ।।

अंतरा-2

भद्र जनन को पास धराने, असुर जनन का नास कराने ।
आया धरा पर फिर एक बार, सुन कर आर्त जनन की पुकार ।।

अंतरा-3

कृष्ण हमारा प्राण पियारा, नंद दुलारा जग उजियारा ।

---

[37] **धरती माँ है गोल** = देखिए रामायण दोहावली में, पुष्पक विमान की कथा, श्री हनुमान कथन ।

7. Story of the Universal Display (Krishna's Childhood)

हरि को बिठाओ मन में तुमार, हरि उतारे सब दुखभार ।।

 बाल कृष्ण दोहावली गीतमाला, पुष्प 59

(ब्रह्माण्ड दर्शन की कथा)

स्थायी

स्वरदा ने सुंदर गाया है, नारद ने साज बजाया है ।
रतनाकर गीत रचाया है ।।

अंतरा-1

एक दिन कृष्ण ने कछु मुख पाया, माँ बोली, तू "हरि! क्या खाया" ।
"लो देखो माँ!" कह मुख खोला, हरि मुख में था विश्व का गोला ।।
जिसमें सब सत्य समाया है ।।

अंतरा-2

नभ चँदा सूरज तारे हैं, इत जीव कीटाणुऽ सारे हैं ।
गिरि नदियाँ तरु खग प्राणी हैं, सब सृष्टिऽ ये पहिचानी है ।
श्रीकृष्ण में सर्व समाया है ।।

अंतरा-3

लख विस्मित माता चकराई, फिर बोल पड़ी जसमति माई ।
जिसे मन में हमने बसाया है, उसमें सब विश्व समाया है ।
श्रीकृष्ण में दैवी माया है ।।

8. Story of Stealing butter (Krishna's Childhood)

सर्ग ८

माखन चोरी की कथा

8. Story of Stealing butter (*Krishna's Childhood*)

♫ बाल कृष्ण दोहावली छन्दमाला, मोती 32

सूर्यकांत छन्द

8 + 8 + 9 + ।ऽ

(माखन चोरी)

मटकी दधि की, कान्हा फोरी, नटखट गोपाल बड़ा ।
अटरी मोरी, माखन चोरी, बिन आहट निकल पड़ा ।।

बाल कृष्ण दोहावली गीतमाला, पुष्प 60

(गोकुल)

स्थायी

गोकुल, ब्रज भूमि की रानी ।

अंतरा–1

किशन का गोकुल स्वर्ग समाना, कहीं न इसका सानी ।
गौवन का क्षीर, गोपी कान्हा, जमुना जी का पानी ।।

अंतरा–2

मोर पपीहे कोयल बोले, मंजुल रव की वाणी।
ग्वाल बाल मधुबन में खेले, गोपी कृष्ण दीवानी ।।

अंतरा–3

इन्द्र भूमि का यहाँ दर्श है, अमृत जैसा पानी ।
दैवी माया यहाँ स्पर्श है, अमर यहाँ हर प्राणी ।।

कथा

(नंद भवन)

दोहा॰ नंद भवन में, सामने, आँगन था अभिराम ।
जिसमें खेलत गोपियाँ, गोप, कृष्ण, बलराम ।।

8. Story of Stealing butter (Krishna's Childhood)

गाएँ, बछड़े थे कई, सभी कृष्ण को भात ।
दूध निकालत याम दो, नंद, यशोदा मात ।।

मुरली कान्हा की सभी, सुनते हर्षित गात ।
गाएँ, बछड़े, गोप को, मधुतम थी सौगात ।।

मोर-पपीहे नाचते, कोयल कूहू बोल ।
इन्द्र भूमि बसती यहाँ, परिसर था अनमोल ।।

अमृत जैसा नीर था, सब कुछ था खुशहाल ।
नाच-गान के मोद में, चला गुजरता काल ।।

बाल कृष्ण दोहावली छन्दमाला, मोती 33

दोधक छन्द[38]

ऽ।।, ऽ।।, ऽ।।, ऽ ऽ

(कृष्ण मुकुंदा)

लावत मंथन, मातु जसोदा । खावत माखन, कृष्ण मुकुंदा ।। 1
गोप सुदामन, संग सखा है । गौ बछड़ों पर, ध्यान रखा है ।। 2

श्लोकः

सुन्दरं च विशालं च प्राङ्गणं नन्दवेश्मनः ।
वत्साश्च धेनवस्तस्मिन्-पुष्पलताश्च पक्षिणः ।। 147/2422

बाल कृष्ण दोहावली गीतमाला, पुष्प 61

खयाल : राग देशकार,[39] **चौताल 12 मात्रा**

---

[38] **दोधक छन्द** : इसके चरणों में ग्यारह वर्ण, 16 मात्रा होती हैं और यति 6, 5 पर विकल्प से आता है । इस में भ भ भ गण और अंत में दो गुरु वर्ण आते हैं । इसका लक्षण सूत्र ऽ।।, ऽ।।, ऽ।।, ऽ ऽ इस प्रकार होता है ।

▶ लक्षण गीत : **दोहा॰ सोलह मात्रा से बना, तीन भ गण, ग ग अंत ।**
अष्टम कल पर यति जहाँ, "दोधक" है वह छंद ।।

[39] **राग देशकार** : यह बिलावल ठाठ का राग है । इसका आरोह है : सा रे ग, प, ध सां । अवरोह : सां

8. Story of Stealing butter (Krishna's Childhood)

(दधि मंथन)

स्थायी

नैनूँ खात नंद लाल, संग सखे गोप बाल ।
बिलोती दही तड़के, जननी सुखदाऽऽऽऽऽई ।।

अंतरा-1

नटखट सब ब्रज गोपाल, ठुमकत नाचत धमाल ।
विविध राग मधुर ताल, बंसी सुनवाऽऽऽऽऽई ।।

(व्रज भूमि)

दोहा॰ दधि-माखन पर्याप्त था, बालक थे बलवान ।
दही बिलोती गोपियाँ, खात श्याम-बलराम ।।

मथुरा के उस कंस से, व्रज गोकुल में दूर ।
ग्वाल बाल निरोग थे, ताकत थी भरपूर ।।

श्लोकः

गावोऽजाश्च महिष्यश्च व्रजभूम्यां गृहे गृहे ।
दुग्धञ्च नवनीतञ्च बालकेभ्यो नु रोचते ।।

दोहा॰ हर घर में दधि-दूध था, मंथन प्रातःकाल ।
गोप-गोपियाँ स्वस्थ थे, माखन करत कमाल ।।

गोकुल व्रज दधि-दूध से, बना स्वर्ग का धाम ।
सबका प्रिय नवनीत था, उससे प्रिय घनश्याम ।।

श्लोकः

प्रियतरस्तु कृष्णस्तान्-अमृतादप्यभीप्सितः ।
गोपा गोप्यश्च वाञ्छन्ति सर्वदा कृष्णदर्शनम् ।।

बाल कृष्ण दोहावली गीतमाला, पुष्प 62

ध प, ग प ध प, ग रे सा ।

▶ लक्षण गीत : **दोहा॰ पाँच शुद्ध स्वर से सजा, म नि को दिया निकाल ।**
ध ग वादी संवाद से, "देशकार" की चाल ।।

8. Story of Stealing butter (Krishna's Childhood)

(राधा नंदकिशोर)

स्थायी

खेलत राधा नंद किशोर, नंद किशोर सखि नंद किशोर ।
गोकुल वाला माखन चोर ।।

अंतरा–1

ग्वालिन राधा, झूलत झूला, आनंद चारों ओर ।
आनंद चारों ओर ।।

अंतरा–2

बाँसुरी की धुन, सुनत गोपिका, नाचत मन का मोर ।

अंतरा–3

गोप सुदामा अरु बलरामा, गावत सुधबुध छोड़ ।

अंतरा–4

बांधत नटखट मातु यशोदा, टूटी जावे डोर ।

अंतरा–5

सावन बरखा, रिमझिम बरसत, काली घटा घन घोर ।

दोहा॰ हरि को सब थे चाहते, हरि से सबको प्यार ।
हरि के सब थे चाहते, हरि को सबसे प्यार ।।

मन मंदिर में था हरि, हरि दर्शन की आस ।
मुख में सबके था हरि, हरि हिरदय के पास ।।

बाल कृष्ण दोहावली गीतमाला, पुष्प 63

(हरि घनश्याम)

स्थायी

गर मेरे घर आए, हरि घनश्याम, सब कुछ कर दूँ, कृष्ण के नाम ।
देखूँ राह मैं चारों याम, आओ कनाई! मेरे धाम ।।

अंतरा–1

दधि-माखन मेरे द्वारे, खाओ जी भर कर प्यारे! ।
गोप गोपिका मितर ललाम, लाओ सुदामा संग बलराम ।।

अंतरा–2

8. Story of Stealing butter (Krishna's Childhood)

मन मंदिर में ज्योति जगे, भगती विनय का भोग लगे ।
भजनन मेरे मुख भगवान्! सुमिरन तेरा शुभ अभिराम ।।

अंतरा-3

चित्त हमारा तुमरे पासा, तुमरे पग की अभिलासा ।
पूरण हों मेरे अरमान, नत हिरदय से परम प्रणाम ।।

दोहा॰ दधि माखन घृत तक्र था, सबके घर भरपूर ।
बालक माखन चोर थे, आदत से मजबूर ।।

बालक बंदर जाति के, होते हैं मासूम ।
उनके प्यारे गाल को, लेती माता चूम ।।

ॐ श्लोकौ

प्रत्यग्रं स्वगृहे दुग्धं तक्रं पीथं घृतं दधि ।
चषितुमपरेषांस्तत्-तथापीच्छन्ति बालकाः ।।

कपिभिः सदृशा बालाः कृष्णस्तेषु पुरस्सरः ।
स सर्वगुणसम्पन्नः-चञ्चलश्च मनोरमः ।।

दोहा॰ दूध दधि माखन कभी, बिल्ली खा ना जाय ।
गोपी छींके पर रखे, मटकी को लटकाय ।।

ग्वाले जाते विपिन में, लेकर रोटी साथ ।
धेनु चराने, शाम तक, जब तक कमलिनिनाथ ।।

थकीं गोपियाँ दोपहर, करके सारे काम ।
पीठ लगाने लेटती, करने को आराम ।।

गोप घरों में देखते, इधर-उधर है शाँत ।
माखन चोरी के लिये, अच्छा है एकांत ।।

ॐ श्लोकौ

उद्दिने गोचरे गोपा गोप्यः संशयने यदा ।
कृष्णादयो गृहे विष्ट्वा नवनीतमदन्ति वै ।।

8. Story of Stealing butter (Krishna's Childhood)

गृहेषु दधिगर्गर्यो नवनीतघटास्तथा ।
ऊर्ध्वं प्रेङ्खन्ति शिक्येषु बिडालेभ्यः सुरक्षिताः ।।

दोहा॰ घर में आकर देखते, मटकी नजर न आय ।
मटकी छींके में रखी, हाथ पहुँच ना पाय ।।

हाथ न पहुँचे अगर तो, इक घोड़ा बन जाय ।
दूजा घोड़े पर खड़ा, लकुटी मार गिराय ।।

श्लोकः

घटान्भञ्जन्ति दण्डेन खादितुं ते घृतं दधि ।
ततो गृहात्पलायन्ति विद्युद्गत्या हि बालकाः ।।

दोहा॰ माखन खाते बाँट कर, सब मिल कर गोपाल ।
आहट पाकर भागते, विद्युत गति तत्काल ।।

आये कब वे, कब गये, कोई जान न पाय ।
फिर भी क्यों कर कृष्ण ही, माखन चोर कहाय ।।

बाल कृष्ण दोहावली छन्दमाला, मोती 34

शक्ति छन्द[40]

। + 2 + 3 + 4 + 3 + 1 + ।। ऽ
अथवा । + 2 + 3 + 4 + 3 + ऽ। ऽ
अथवा । + 2 + 3 + 4 + 3 + 2 + ।।।
(माखन मटकी)

दही दूध माखन गागर लटकी ।
किशन मार लकुटी फोड़त मटकी ।। 1
रखी छीक पर थी माखन गगरी ।

---

[40] **शक्ति छन्द :** इस 18 मात्रा वाले पौराणिक छन्द के प्रत्येक चरण के आरंभ में एक लघु मात्रा (।), और अंत में स गण (।। ऽ), अथवा र गण (ऽ। ऽ) अथवा न गण (।।।) आता है । विराम चरणान्त । शक्ति छन्द की 1, 6, 11 और 16-वीं मात्रा लघु होती है । आरंभ में दो त्रिकल होते हैं ।

▶ लक्षण गीत : **दोहा॰ कल अठारह, ल आदि हो, ल ग मात्रा से अंत ।**
छः ग्यारह भी लघु जहाँ, वहाँ "शक्ति" है छंद ।।

8. Story of Stealing butter (Krishna's Childhood)

सखी! कबहु आयो छुप कर अटरी ।। 2

(फिर, गोपियाँ)

दोहा॰ मटकी टूटी देख कर, गोपी अति हैरान ।
किया है किसने काम ये, प्रथम कृष्ण का नाम ।।

यशोमती के पास वे, आकर कहती बात ।
मटकी फोड़ी कृष्ण ने, साथी लेकर साथ ।।

माखन चोरी है करी, कान्हा ने चुपचाप ।
कब आया था, कब गया, दिखा न मुझको आप ।।

श्लोक:

गोप्यः नन्दगृहं यान्ति यशोदां गदितुं कथाम् ।
कृष्णस्य चुम्बनं कृत्वा प्रत्यागच्छन्ति ता गृहे ।।

दोहा॰ माखन चोरी कृष्ण ने, फोड़ी लकुटी मार ।
दधि-माखन नीचे गिरा, कीन्ही हानि हमार ।।

बाल कृष्ण दोहावली गीतमाला, पुष्प 64

(एक ही नाम)

स्थायी

मुख में बसा बस एक ही नाम । गोपी कहे कान्हा का ये काम ।।

अंतरा-1

निश-दिन मन में एक मुरतिया, ध्यान भुलावे भोली सुरतिया ।
मन में बसा जो हरि घनश्याम, मुख में आए, नाम ललाम ।।

अंतरा-2

नजर न आवे माखन खावे, कब आवे कब जावे श्याम ।
बार-बार वो मन भरमावे, सुध-बुध खोवे गोपी तमाम ।।

अंतरा-3

कान्हा कीन्ही माखन चोरी, मैया! मोरी मटकी फोरी ।
कान्हा दिखावे फिर है कमाल, ज्यों का त्यों ही सब सामान ।।

8. Story of Stealing butter (Krishna's Childhood)

(मगर)

दोहा॰ गोपी घर को जब गयी, ज्यों का त्यों सामान ।
मटकी लटकी है वहीं, कहीं नहीं नुकसान ।।

दधि-माखन सब ठीक है, कोई नहीं निशान ।
चोरी करी न कृष्ण ने, लीला लगे महान ।।

लीला देखो कृष्ण की, जिया चुराया मोर ।
कान्हा को नटखट कहा, फिर क्यों माखन चोर ।।

श्लोक:

गृहमागत्य पश्यन्ति, "घटाः सर्वे हि पूर्ववत्" ।
दुग्धञ्च नवनीतञ्च, कृष्णलीला हि सा खलु ।।

 बाल कृष्ण दोहावली गीतमाला, पुष्प 65

राग भैरवी, कहरवा ताल

(माखन चोर)

स्थायी

मैं नहीं मैया माखन चोर, नाम लगाए काहे को ।

अंतरा-1

देखा नहीं है, किसी ने मुझको, फिर भी शिकायत है क्यों तुझको ।
ऊँगली उठा मत मेरी ओर, आँखें दिखाती काहे को ।।

अंतरा-2

गोपी आवे देखन मोहे, मोर मुकुट मेरे सिर सोहे ।
गोपी सब हैं चुगली खोर, ताने लगाए काहे को ।।

अंतरा-3

माखन उनका ज्यों का त्यों है, नाम लगावत मोरा क्यों हैं ।
बाँध न मैया मुझको डोर, कान तू पकड़े काहे को ।।

 बाल कृष्ण दोहावली गीतमाला, पुष्प 66

(माखन चोरी की कथा)

8. Story of Stealing butter (Krishna's Childhood)

स्थायी

स्वरदा ने सुंदर गाया है, नारद ने साज बजाया है ।
रतनाकर गीत रचाया है ।।

अंतरा-1

ग्वालों को देकर रोटी है, जब थकी गोपियाँ लेटी हैं ।
तब आए कूद के बाड़े से, सब छुप-छुपके पिछवाड़े से ।
अब सबने माखन खाना है ।।

अंतरा-2

इत कृष्ण सुदामा संगी हैं, उत माखन मटकी टँगी है ।
जो मटकी ऊँची लटकी है, वो लकुटी मारे पटकी है ।
सब खाकर साफ सफाया है ।।

अंतरा-3

सब रंजित गोपी कन्हैया से, जब आती मिलने मैया से ।
कहे जसमति मैया, "मैं हारी!" उत मटकी लटकी हैं सारी ।
गोपियन की समझ न आया है ।।

9. Story of Shri Krishna, the Cowherd Boy (Krishna's Childhood)

सर्ग ९
कृष्ण भयो गोपाल की कथा

9. Story of Shri Krishna, the Cowherd Boy (*Krishna's Childhood*)

♪ बाल कृष्ण दोहावली छन्दमाला, मोती 35

द्रुता छन्द[41]

ऽ । ऽ, । ऽ ।, । । ऽ, । ऽ

(बाल गोपाल)

आज श्याम है, बरस पाँच का ।
बाल कृष्ण का, दिवस जन्म का ।। 1
वेणु हाथ में, मुकुट शीश है ।
धेनु संग वो, परम ईश है ।। 2

(कान्हा)

📖 कथा 📖

दोहा॰ पाँच वर्ष का कृष्ण है, आज भयो गोपाल ।
गोकुल व्रज का लाड़ला, यशोमती का लाल ।।

कल से जाऊँ विपिन में, बोला गोकुलनाथ ।
धेनु चराने के लिये, मैं ग्वालों के साथ ।।

🌹 बाल कृष्ण दोहावली गीतमाला, पुष्प 67

(ना बजाओ)[42]

---

[41] **द्रुता छन्द** : इस ग्यारह वर्ण, 16 मात्रा वाले मात्रावृत्त के चरण में र ज स और एक लघु और एक गुरु वर्ण आता है । इसका लक्षण सूत्र ऽ । ऽ, । ऽ ।, । । ऽ, । ऽ इस प्रकार होता है । इसमें 5 वे वर्ण पर यति विकल्प से आता है ।

▶ लक्षण गीत : दोहा॰ सोलह मत्ता का बना, र ज स, मत्त ल ग अंत ।
मत्त पाँच पर यति जहाँ, वहाँ "द्रुता" है छंद ।।

9. Story of Shri Krishna, the Cowherd Boy (Krishna's Childhood)

स्थायी

ना बजाओ, ना बजाओ, बांसुरी कान्हा ।
मुरली धुन मनहारी, ना बजाओ ।।

अंतरा–1

चंदा सूरज थम जाते हैं, धरती थमती मोई ।
बादल से निकली जल धारें, रुकती सुधबुध खोई ।।
ना बजाओ, ना बजाओ, ना बजाओ ...

अंतरा–2

जीव जगत के प्राणी मोहे, राजा रंक भिखारी ।
गोकुल वासी गोप गोपिका, मोहत शिशु नर नारी ।।
ना बजाओ ...

अंतरा–3

कुंभकरन की निंदिया तोड़ी, मोड़ी शिव की समाधी ।
मुनि जनन के मौन बिगाड़े, मीरा हुई दीवानी ।।
ना बजाओ ...

अंतरा–4

देव–देवता ब्रह्मा सनका, इन्द्रजगत के वासी ।
आपा खो कर मगन धुनी में, सृष्टि चक्र क्रम नासी ।।
ना बजाओ ...

(और)

दोहा॰ गल में माला फूल की, वन्य पुष्प का हार ।
कटि पर रेशम वस्त्र का, पीत पितांबर धार ।।

कर में धर कर बाँसुरी, मधु रव मंजुल बैन ।
काष्ठ खड़ाऊँ पाँव में, काजल काले नैन ।।

खेलूँ वत्सन संग मैं, पीऊँ गौअन क्षीर ।
मधुर बजाऊँ बाँसुरी, नाचें मयूर कीर ।।

---

[42] एक किसी पुरातन भूले बिसरे गीत से संकल्पित ।

9. Story of Shri Krishna, the Cowherd Boy (Krishna's Childhood)

ग्वाल बाल के संग मैं, खेलूँ क्रीड़ा खेल ।
खाऊँ इमली-बेर मैं, चढ़ कर तरुअन-बेल ।।

मोर मुकुट भी शीर्ष पर, माथे चंदन लाल ।
माखन-रोटी साथ में, सजूँ बाल गोपाल ।।

माते! मेरे वन गये, चिंता का नहिं काम ।
मन में अविरत मैं भजूँ, राम चंद्र का नाम ।।

सुन कर बचनन पुत्र के, माता गदगद गात ।
बोली तेरा लाड़ले! सब मंगल हो, तात! ।।

बाल कृष्ण दोहावली गीतमाला, पुष्प 68

(नंदलाल गोपाल)

स्थायी

आज, नंदलाल भयो गोपाल ।

अंतरा-1

पाँच वर्ष का किशोर कान्हा, हर्ष मोद ये व्रज सब जाना ।
सखी! हाल मेरो बेहा - - - ल ।।

अंतरा-2

आज पठायो गौवन पीछे, कियो विदा मैं आँखे मीचे ।
हरि, आज भयो गोपा - - - ल ।।

अंतरा-3

खेलत वत्सन संग वन माहीं, लागत मोरा घर मन नाही ।
गोपाल भयो, नंद ला - - - ल ।।

बाल कृष्ण दोहावली गीतमाला, पुष्प 69

(गोपाल कृष्ण की कथा)

स्थायी

स्वरदा ने सुंदर गाया है, नारद ने साज बजाया है ।
रतनाकर गीत रचाया है ।।

अंतरा-1

9. Story of Shri Krishna, the Cowherd Boy (Krishna's Childhood)

अब पाँच बरस का कान्हा है, कहे मधुबन मुझको जाना है ।
सुर बंसी मधुर बजाना है, मैं गौन से खेल रचाना है ।
सिर कान्हा मुकुट सजाया है ।।

अंतरा–2

हार गले में डाला है, काजल नैनन में काला है ।
पग में पायल कर मुरली है, अरु काँधे काली कमली है ।
सब व्रज को कान्हा भाया है ।।

अंतरा–3

बाबा को वन्दन कीन्हा है, मैया को चूमा दीन्हा है ।
"आता हूँ माते!" बोला है, शिशु ग्वाल बाल सह निकला है ।
संग माखन रोटी लाया है ।।

10. Story of the Complaints by Cow-maids (Krishna's Childhood)

सर्ग १०

गोपियों की शिकायत की कथा

10. Story of the Complaints by Cow-maids (*Krishna's Childhood*)

♫ <u>बाल कृष्ण दोहावली छन्दमाला, मोती 36</u>

शंखनारी छन्द[43]

। ऽ ऽ, । ऽ ऽ

(मुकुंदा)

जसोदा बुलाती, सुनो रे! कन्हैया! ।
पुकारे सुदामा, बड़ा राम भैया ।। 1
कहे नंद बाबा, मुकुंदा कहाँ है ।
रचा रास खेला, गली में वहाँ है ।। 2

📖 **कथा** 📖

(गोपी)

दोहा॰ **दिन भर कान्हा विपिन में, धेनु चरावन जाय ।**
उसी समय में गोपियाँ, मन में आहट पाय ।।

गोपीं कान्हा के बिना, पाएँ ना मन चैन ।
घड़ी-घड़ी श्रीकृष्ण के, सपने देखत नैन ।।

<u>बाल कृष्ण दोहावली गीतमाला, पुष्प 70</u>

खयाल : राग मालकौंस, तीन ताल

(नंदलाल)

---

[43] **शंखनारी छन्द :** इस 6 वर्ण, 10 मात्रा वाले छन्द के चरण में दो य गण आते हैं । इसका लक्षण सूत्र । ऽ ऽ, । ऽ ऽ इस प्रकार होता है । पदान्त विराम । इस छंद की धुन भुजंगप्रयात छंद के समान होती है ।

▶ लक्षण गीत : **दोहा॰ दस मात्रा से जो बना, य य गण का है वृंद ।**
कहा "शंखनारी" उसे, छः अक्षर का छंद ।।

10. Story of the Complaints by Cow-maids (Krishna's Childhood)

स्थायी

मोह लियो सखी मोहे नंदलाल हरि ।
नैनन कंज मुख मंडल चंद्रमा ॥

अंतरा–1

घुंघर वाले सुंदर कुंतल, गल में चंपक, मुकुंद कलियाँ ।

अंतरा–2

रंग कृष्ण, मुख मंडल मंगल, मोर मुकुट सिर, चंचल अँखियाँ ।

अंतरा–3

नैनन काजल, कानन कुंडल, पग में पैंजन, कृष्ण कन्हैया ।

(और)

दोहा॰ जबसे वन में जात है, बाल कृष्ण गोपाल ।
गोकुल की सब गोपियाँ, उदास मन बेहाल ॥

बाल कृष्ण दोहावली गीतमाला, पुष्प 71

राग मिश्र, तीन ताल 16 मात्रा

(श्याम सुंदर)

स्थायी

आयो री सखी, श्याम सुंदर घर आयो ।

अंतरा–1

माखन खावत, नेहा लगावत ।
माखन खावत, नेहा लगावत ।
कान्हा मोरे मन भायो ॥ आयो री सखी

अंतरा–2

छिप छिप कर सखी, जाने कब आयो । आपन खायो, खिलायो ॥

अंतरा–3

ऊँची लटकी, माखन मटकी । लकुटिया मार, गिरायो ॥

अंतरा–4

बोले, "माखन, मैं नहीं खायो । मुख म्हारे, लिपटायो" ॥

10. Story of the Complaints by Cow-maids (Krishna's Childhood)

अंतरा–5

भोली सुरतिया, खेलत लीला । मनवा मोरा, भरमायो ।।

(गोपियाँ)

दोहा॰ घड़ी-घड़ी होता उन्हें, कान्हा का आभास ।
धेनु चरावत है कभी, कभी हृदय के पास ।।

कान्हा आँगन में कभी, कभी है माखन खात ।
कभी गली में खेलता, कभी गीत है गात ।।

बिल्ली माखन खागयी, या फिर खावे श्वान ।
गोपी के मन एक ही, आवे नटखट नाम ।।

घर लौटे जब शाम को, यशोमती का श्याम ।
दर्शन करने के लिये, गोपी आती धाम ।।

कहती, मैया! कृष्ण ने, फोड़ी मटकी मोर ।
नटखट है, चंचल बड़ा, कृष्ण कन्हैया तोर ।।

कान्हा को फिर चूम कर, गोपी पाती नंद ।
घर जाती आनंद में, मोद मना कर चंद ।।

कभी बहाना कुछ करे, कभी शिकायत और ।
मटकीफोड़ कहे कभी, या फिर माखनचोर ।।

10. Story of the Complaints by Cow-maids (Krishna's Childhood)

बाल कृष्ण दोहावली छन्दमाला, मोती 37

♫ **लुलित छन्द**[44]

।। ऽ, ।। ऽ, ।। ऽ, ।

(मोहन)

मन मोहक तू घनश्याम! । भजु मैं तुझको दिन शाम ।। 1
सबका मन जो बहलाय । हरि मोहन वो कहलाय ।। 2

(तब)

दोहा॰ ताने सुन कर रोज के, मातु आगयी तंग ।
बोली, कान्हा! आज मत, खेल किसी के संग ।।

चोरी करना है बुरा, तुझको है यह ज्ञात ।
मातु यशोदा ने कही, कान्हा को यह बात ।।

गोपी आकर है यहाँ, करे शिकायत रोज ।
माखन चोरी आज है, तुझको लगती मौज ।।

रखूँ तुझे मैं बाँध कर, इस ऊखल के साथ ।
चोरी ना कर पायगा, बाँधूँ तोरे हाथ ।।

(अत:)

दोहा॰ लायी डोरी मातु ने, बाँधन माखन चोर ।
रस्सी टूटी जात है, या फिर छोटी डोर ।।

माता बोली, बात क्या, बाँध सकूँ ना तोर ।
डोरी छोटी क्यों पड़े, समझ न आवे मोर ।।

थकी यशोदा यतन कर, अब क्या करे उपाय ।
क्या जादू है हो रहा, कुछ भी समझ न पाय ।।

---

[44] **लुलित छन्द** : इस 10 वर्ण, 13 मात्रा वाले छन्द में चरण में स, स, स गण और एक लघु वर्ण आता है । इसका लक्षण सूत्र ।। ऽ, ।। ऽ, ।। ऽ, । इस प्रकार है । यति चरणान्त ।

▶ लक्षण गीत : **दोहा॰ मात्रा तेरह से बना, लघु मात्रा से अंत ।**
तीन स गण से जो सजा, "लुलित" कहा वह छंद ।।

10. Story of the Complaints by Cow-maids (Krishna's Childhood)

♪ बाल कृष्ण दोहावली छन्दमाला, मोती 38

चवपैया छन्द[45]

10 + 8 + 10 + S

(कान्हा बंधा डोरी से)

आज जसोमति ने, नटखट हरि को, डोरी से है बाँधा ।
गोप सुदामा है, बुलावे तुझे, तुम्हें पुकारे राधा ।। 1
कहे नंदरानी, "आज घर में हि रहियो रे तू बँधा ।
"धेनु चरावेंगे, आज विपिन में, ग्वालों के सह नंदा" ।। 2

(कान्हा बोला)

दोहा॰ कान्हा ने मन में कहा, मुझे न जाने मात ।
माता भोली है बड़ी, जाने ना सच बात ।।

 बाल कृष्ण दोहावली गीतमाला, पुष्प 72

राग भीमपलासी,[46] कहरवा ताल

(माखन चोर)

स्थायी

मैं नहीं मैया माखन खायो, गोप हमारे मुख लिपटायो ।
मैं नहीं मैया माखन खायो ।।

अंतरा-1

---

[45] **चवपैया छन्द** : इस 30 मात्रा वाले महातैथिक छन्द के चरण 10-8-12 मात्रा के होते हैं । इसके अंत में एक गुरु (S) मात्रा, अथवा दो लघु (। ।) और दो गुरु मात्राएँ (S S), अथवा दो म गण (S S S, S S S) भी होते हैं ।

▶ लक्षण गीत : दोहा॰ तीस मत्त का जो बना; ग, ल ल अथवा म म अंत ।
दस अठारह पर यति जहाँ, "चवपैया" है छंद ।।

[46] **राग भीमपलासी** : यह काफी ठाठ का राग है । इसका आरोह है : नि सा ग म, प नि सां । अवरोह : सां नि ध प, म ग रे सा ।

▶ लक्षण गीत : दोहा॰ वर्ज्य रे ध आरोह में, ग नि कोमल का नाद ।
"भीमपलासी" राग में, सा म वादि संवाद ।।

10. Story of the Complaints by Cow-maids (Krishna's Childhood)

दहि माखन की हमें न थोड़ी, मैं क्यों करता माखन चोरी ।
तोरे मन में ये, क्योंकर आयो ।।

अंतरा–2

मैया तू है कितनी भोरी, दिन मैं चरावत गौवन तोरी ।
मोहे वन मा, तू हि पठायो ।।

अंतरा–3

माखन मटकी भरी की भरी, मैं क्या कीन्ही माखन चोरी ।
गोपी काहे कहे मैं, माखन खायो ।।

अंतरा–4

मैं बालक छोटी कद मोरी, माखन छींको ऊँची डोरी ।
भेद मेरो जग, जान न पायो ।।

 बाल कृष्ण दोहावली गीतमाला, पुष्प 73

(गोपियन की शिकवे की कथा)

स्थायी

स्वरदा ने सुंदर गाया है, नारद ने साज बजाया है ।
रतनाकर गीत रचाया है ।।

अंतरा–1

कान्हा जब से वन जाता है, मन गोपियन का नहीं भाता है ।
उत कान्हा खेड़त वन में है, इत कान्हा डोलत मन में है ।
घट–घट में कृष्ण समाया है ।।

अंतरा–2

कभी कान्हा की आहट आवे, बिरहा गोपियन का मन खावे ।
कभी दिन में कान्हा के सपने, कभी लगता घर आयो अपने ।
हर मन में कृष्ण समाया है ।।

अंतरा–3

सब सखीं बहाने लाई हैं, घर कृष्ण को देखन आई हैं ।
सुन मैया कान्हा को बोली, तुझे डोरी से मैं बाँधूँगी ।
पर डोरी टूटी जावे है ।।

11. Story of the Arjun trees (Krishna's Childhood)

सर्ग ११

अर्जुन वृक्ष की की कथा

11. Story of the Arjun trees (*Krishna's Childhood*)

♫ बाल कृष्ण दोहावली छन्दमाला, मोती 39

ओवी छन्द[47]

(अर्जुन वृक्ष)

सुन रोज-रोज के ताने, बांधा कान्हा को माता ने ।
टूटी नहीं, डोरी को ताने, कान्हा ओखली भगायो ।। 1
अटकी दो तरु बीच, ओखली को पाया न खींच ।
लगायो जोर आँखे मीच, पेड़ दोनों गिरायो ।। 2

कथा

(उस दिन)

दोहा॰ **दोरी टूटी जात है, माता थी हैरान ।**
लाऊँ दूजी डोर मैं, जिसमें होगी जान ।।

रस्सी छोटी क्यों पड़े, बिगड़ रहा क्यों काम ।
लीला है यह श्याम की, उसे न आया ध्यान ।।

बाल कृष्ण दोहावली गीतमाला, पुष्प 74

खयाल : राग भैरवी

(किशन कनाई रे)

---

[47] **ओवी छन्द :** इस वर्ण वृत्त के प्रथम तीन चरणों में 8 से 10 तक वर्ण और चौथे चरण में 7 से 9 तक वर्ण होते हैं । मात्रा का बंधन नहीं । चरणान्त विराम । यह याद रहे कि, ओवी के प्रत्येक चरण का अंतिम अक्षर, फिर वह लघु हो या दीर्घ, विशेष जोर देकर गाया जाता है ।

► लक्षण गीत : **दोहा॰ तीन चरण नौ वर्ण के, चौथे में हों आठ ।**
मात्रा का बंधन नहीं, "ओवी" का वह ठाठ ।।

11. Story of the Arjun trees (Krishna's Childhood)

स्थायी

किशन कनाई रे, डोरी से बाँधूँ तोहे ।
छुपके आइके तू माखन मटकी फोड़ी, गोपिका कहत मोहे ।।

अंतरा–1

बंधा रहियो तू इत आज कन्हाई ।
गोप खेलेंगे अकेले, बोली जसोमति माई ।
माखन चोरी कान्हा तोहे न सोहे ।।

अंतरा–2

कान्हा जोर लगायो, ओखली साथ भगायो ।
अटकी दो तरु बीच, ओखली न पायो खींच ।
टूट पड़े अर्जुन के पेड़ दोनों ।।

(कान्हा)

दोहा॰ बंद किया फिर कृष्ण ने, डोरी का यह खेल ।
बाँध सकी माता उसे, घर में ही कुछ वेल ।।

बंधा रहियो तू यहाँ, जब तक होती शाम ।
यमुना जल लाना मुझे, करने हैं बहु काम ।।

(फिर)

दोहा॰ माता जब यमुना गयी, करने अपने काम ।
गोप आगये खेलने, लेकर गेंद ललाम ।।

बाहर जाने कृष्ण ने, बहुत लगाया जोर ।
ना ही बंधन खुल सका, ना वह टूटी डोर ।।

उखड़ गयी वह ऊखली, जब ना टूटी डोर ।
कान्हा भागा वेग से, गोप मचावत शोर ।।

आगे दो तरु थे खड़े, ऊँचे ताड़ समान ।
निकट–निकट थे बढ़ रहे, शाखा करत कमान ।।

दो तरुओं के बीच से, निकला कृष्ण कुमार ।
निकल सकी ना ऊख्ली, दो पेड़ों से पार ।।

(तब)

दोहा॰ मारा धक्का कृष्ण ने, रख वृक्षों पर पाँव ।
टूट गिर पड़े पेड़ दो, आपस जिन्हें लगाव ।।

पूर्व जनम में यज्ञ थे, बंधु-बंधु दो जीव ।
नाम यक्ष को थे मिले, नलकूबर-मणिग्रीव ।।

नारद जी के शाप से, यक्ष बने थे वृक्ष ।
पग छूए जब कृष्ण के, पुनः हो गए यक्ष ।।

नारद मुनि के शाप से, पेड़ हुए जो जीव ।
कृष्ण-चरण छू कर बने, नलकूबर मणिग्रीव ।।

बाल कृष्ण दोहावली गीतमाला, पुष्प 75

(हरि चरण)

स्थायी

हरि चरणन के पूज्य स्पर्श से, मिल जाए अनुदान ।
रे मनवा, ले ले हरि का नाम ।।

अंतरा-1

हिरदय में हरि साँझ सकारे, जनम-जनम के पाप उबारे ।
सुमिरन करले पल-छिन प्यारे, खो कर अपने भान ।। रे मनवा॰

अंतरा-2

पल दो पल का वास है जग में, उसमें विपदा है पग-पग में ।
गर मुक्ति की आस है मन में, गा ले हरि के गान ।। रे मनवा॰

अंतरा-3

पास न आवें भय दुस्तारे, संकट भागे दूर दुखारे ।
हरि किरपा से सकल तुम्हारे, होंगे पूरण काम ।। रे मनवा॰

बाल कृष्ण दोहावली गीतमाला, पुष्प 76

(मणिग्रीव कूबर की कथा)

स्थायी

11. Story of the Arjun trees (Krishna's Childhood)

स्वरदा ने सुंदर गाया है, नारद ने साज बजाया है ।
रतनाकर गीत रचाया है ।।

अंतरा–1

ये डोरी टूटी जावे रे! या फिर वो छोटी आवे रे! ।
"क्या चक्कर है," माता बोली, कहे कान्हा, "तू कितनी भोली ।
तू ना जाने क्या माया है" ।।

अंतरा–2

जब कान्हा खतम किया वाँधा, ऊखल से कान्हा को बाँधा ।
माता बोली, बँधा रहियो, मैं जाती अब कुछ ना कहियो ।
तूने मेरा काम रुकाया है ।।

अंतरा–3

ऊखल लेकर कान्हा भागा, टूटा ना डोरी का धागा ।
दो तरु में ऊखल अटका रे, कान्हा के खींचे पेड़ गिरे ।
मणिग्रीव कूबर उबेरे हैं ।।

सर्ग १२
मायावी वत्सासुर की कथा
12. Story of Vatsasur (*Krishna's Childhood*)

♪ बाल कृष्ण दोहावली छन्दमाला, मोती 40

कुमारललिता छन्द[48]

। ऽ।, ।। ऽ, ऽ

(वत्सासुर)

वहाँ गवन में जो, मनोहर बड़ा है ।
छुपे कपट वाला, बछासुर खड़ा है ।। 1
तुरंत पहिचाने, उसे तकत कान्हा ।
कहे, "असुर आया, यहाँ करन खात्मा" ।। 2

श्लोक:

गोपाल: पञ्चवर्षीयो वने गच्छति श्रीहरि: ।
धेनुभि: सह गोपैश्च किरीटी मुरलीधर: ।।

कथा

(कंस के चर)

दोहा॰ **पाँच वर्ष का कृष्ण है, धेनु चरावन जात ।**
कंसचरों ने बोल दी, स्वामी को यह बात ।।

आ सकता है कृष्ण अब, जलदी अपने हाथ ।

---

[48] **कुमारललिता छन्द** : इस 7 वर्ण, 10 मात्रा वाले चार चरण के छन्द में ज स गण और एक गुरु वर्ण आता है । इसका लक्षण सूत्र । ऽ।, ।। ऽ, ऽ होता है । इसके तीसरे और सातवें वर्ण पर विराम विकल्प से होता है ।

▶ लक्षण गीत : **दोहा॰ दस मात्रा का जो बना, गुरु मात्रा से अंत ।**
ज स गण जिसके आदि में, "कुमारललिता" छंद ।।

वत्सासुर को भेज कर, कर सकते हैं घात ।।

दधि–माखन से कृष्ण वो, बना बहुत बलवान ।
हाथी सम कसदार है, बलिष्ठ भीम समान ।।

मोर मुकुट है पहनता, श्याम सलोना रंग ।
सुन कर मुरली कृष्ण की, सब होजाते हैं दंग ।।

बाल कृष्ण दोहावली गीतमाला, पुष्प 77

कहरवा ताल 8 मात्रा

(श्याम सलोना)

स्थायी

श्याम सलोना नंद गोपाला, रंग साँवला हरि ब्रज बाला ।

अंतरा–1

सिर पर मोर मुकुट है डाला, गिरिधर काली कमली वाला ।
पग में पायल गल बन माला ।।

अंतरा–2

गौवन पाला गोकुल ग्वाला, मोहन प्यारा है मतवाला ।
दधि–माखन को चुराने वाला ।

अंतरा–3

राधे गोविंदा मुरली वाला, नंद का नंदन श्यामल काला ।
गोप गोपी का प्रिय व्रजबाला ।।

(कंस मंत्रियों को बोला)

दोहा॰ कहा कंस ने दास को, बहुत हमें अभिमान ।
सहज कृष्ण को मारना, वत्सासुर का काम ।।

जल्दी जाओ दौड़ कर, उसे बुलाओ पास ।
वही एक जो कृष्ण को, कर दे सहज खलास ।।

वत्सासुर में हुनर है, जो न किसी के पास ।
इसी लिये है वो सदा, विशेष हमरा दास ।।

जब चाहे वह बन सके, बछड़ा सुंदर रूप ।
रंग ढंग धारण करे, कारण के अनुरूप ।।

बाहर से भोला लगे, मगर गुप्त है बात ।
भीषण छूरे हैं बने, आगे वाले दाँत ।।

बड़े काम का जानिये, उसका यही विकार ।
नर पशु पक्षी सब बनें, इसके सुलभ शिकार ।।

चरता जाए पास वो, जहाँ खड़ा आखेट ।
झपट पड़े तत्काल फिर, गर्दन पर ही ठेठ ।।

भीतर से वह दुष्ट है, बाहर से अति नेक ।
मारे उसने जीव यों, भोले लोग अनेक ।।

(वत्सासुर)

दोहा॰ वत्सासुर जब आगया, शीघ्र कंस के पास ।
कहा कंस ने दास को, काम तुम्हें है खास ।।

गोकुल जाओ तुम अभी, मधुबन में चुपचाप ।
राह तकोगे कृष्ण की, बछड़ा बन कर आप ।।

पहाचानोगे तुम उसे, बालक रूप ललाम ।
पतला सतेज देह है, रंग साँवला शाम ।।

मोर मुकुट है पहनता, उसे धेनु से प्रीत ।
कर में उसके बाँसुरी, मधुर बजाता गीत ।।

गल में माला फूल की, पग में पायल डाल ।
प्रतिभा उसकी सिंह सी, चले हंस की चाल ।।

आभा उसकी शुभ्र है, लगे पूर्णिमा चाँद ।
मेधा उसकी शुक्र सी, स्वभाव उसका शाँत ।।

पाँच वर्ष का कृष्ण है, लाखों में वह एक ।
मन मोहन गोपाल है, सारासार विवेक ।।

(फिर भी)

12. Story of Vatsasur (Krishna's Childhood)

✍दोहा॰ बच कर रहना तू जरा, कृष्ण बहुत बलवान ।
छोटा बालक जान कर, हटा न देना ध्यान ।।

गयी वहाँ जब पूतना, खो बैठी वह प्राण ।
लीन्ही बालक कृष्ण ने, तृणावर्त की जान ।।

(वत्सासुर)

✍दोहा॰ जो आज्ञा, कह कर चला, वत्सासुर बदमाश ।
बाल कृष्ण के हाथ से, करने अपना नाश ।।

नारद जी को देख कर, खिसका वह तत्काल ।
करके प्रणाम कंस को, जल्दी से विकराल[49] ।।

बोला मुझको भय नहीं, बाल कृष्ण से कोय ।
घात बाल गोपाल का, मेरे दाँतों होय ।।

सुंदर बछड़ा मैं बनूँ, कर लूँ उससे प्रीत ।
आवेगा पुचकारने, मुझे जान कर मीत ।।

उसको भाते वत्स हैं, करता उनसे प्यार ।
आवे मेरे पास वो, दूँगा उसको मार ।।

काटूँगा सिर कृष्ण का, लाने तोरे पास ।
वरना ना वापस यहाँ, लौटेगा यह दास ।।

(कंस)

✍दोहा॰ कृष्ण! कृष्ण! गाते हुए, नारद रहे पधार ।
सुनी तान वह कंस ने, मधु वीणा की तार ।।

मुनिवर का स्वागत किये, बोला कंस सहर्ष ।
देखो मुनिवर जारहा, चर मेरा आदर्श ।।

मायावी यह दास है, बहुरूपी गुणवान ।
इच्छाधारी वत्स है, मोहक रूप ललाम ।।

---

[49] **विकराल** : बड़े दा ातों वाला, कराल = दाढ़ें, दाँत ।

कृष्ण–हनन को जारहा, मेरा दास महान ।
बाजी ना हारा कभी, सफल करेगा काम ।।

मारेंगे हम कृष्ण को, वह है शत्रु हमार ।
हर कीमत पर हम करें, बैरी का संहार ।।

देखो गोकुल जारहा, कपटी हमरा दास ।
अब है समझो होगया, बाल कृष्ण खलास ।।

(नारद मुनि)

दोहा॰ मुनिवर बोले कंस को, आयी उसकी मौत ।
कृष्ण मारने जारहा, आवेगा ना लौट ।।

क्यों मरवाते हो इन्हें, करके आतम घात ।
सेवक स्वामीनिष्ठ हैं, उन्हें बचाओ, तात!

आया जब विपरीत हो, काल चक्र का फेर ।
अच्छे–अच्छे वीर भी, हो जाते हैं ढेर ।।

भर जब जाता है घड़ा, सौ पापों के बाद ।
पहाड़ पड़ता टूट कर, नानी आती याद ।।

यदि पछताओगे, प्रभो! छू कर चरणन पूज्य ।
पाप हरेंगे श्रीहरि, तुमको यही प्रयोज्य ।।

मानो वृपवर! बात को, केशव बड़े दयाल ।
क्षमा करंगे आपको, कृपाल हैं गोपाल ।।

ॐ श्लोकः

तस्मात्कंसेन क्रूरेण हन्तुं कृष्णं महाजनाः! ।
सम्प्रेषितो महादुष्टो वत्सासुरः स राक्षसः ।।

(कंस)

दोहा॰ करी कंस ने जोश में, अपनी वही बखान ।
मुनिवर! आप न जानते, हम कितने बलवान ।।

हमने मारे हैं कई, अति बलशाली लोग ।

मार-काट विध्वंस में, हमें न कोई सोग ।।

सेवक मेरे वीर ये, अब ना आये काम ।
फिर उनका क्या लाभ है, सब हैं फिर बेकाम ।।

मानो नृपवर! बात को, "श्रीधर बड़े दयाल ।
जाओ शरण व्रजेश की, प्रभु हैं बड़े कृपाल" ।।

ॐ श्लोकः

वत्सो भूत्वा स मायावी सम्मिलितश्च धेनुषु ।
न काऽपि गौस्तमस्निह्यत्-न वत्सः कोऽपि मित्रवत् ।।

(वत्सासुर)

दोहा॰ मधुबन में वह आगया, दुष्ट कंस का दास ।
मारूँगा मैं कृष्ण को, उसको था विश्वास ।।

छुप कर बैठा विपिन में, देख रहा था राह ।
जल्दी आए कृष्ण वो, उसके मन में चाह ।।

(फिर)

दोहा॰ चरागाह में आगया, कृष्ण गवन के साथ ।
बजा रहा था बाँसुरी, मंगल गोकुलनाथ ।।

सुन कर मुरली कृष्ण की, असुर हुआ तैयार ।
बछाड़ा बन कर कृष्ण पर, करने घातक वार ।।

धेनु-बछड़े आगये, चरागाह में ग्वाल ।
गौएँ चरने लग गयी, बैठ गये गोपाल ।।

बछड़े क्रीड़ा में लगे, कृष्ण बहुत खुशहाल ।
बजा रहा था बाँसुरी, गल में माला लाल ।।

वत्सासुर ने कृष्ण को, तुरत लिया पहिचान ।
मोर मुकुट धारण किया, पीतांबर परिधान ।।

वत्सासुर बछड़ा बना, करने अपना काम ।
चरागाह में आगया, कोई सका न जान ।।

वत्सन में वो मिल गया, नया वत्स महमान ।
खेल-कूद करने लगा, वत्सन अन्य समान ।।

बार-बार वो देखता, बाल कृष्ण की ओर ।
ऊपर से भोला लगे, मन में उसके चोर ।।

सब बछड़ों से भिन्न वो, स्वरूप में असमान ।
नया वत्स है आगया, सबने लीन्हा जान ।।

दूध न कोई भी उसे, पिला रही थी गाय ।
बछड़ा कोई साथ ना, खेलत संग लगाय ।।

♫ बाल कृष्ण दोहावली छन्दमाला, मोती 41

तमाल छन्द[50]

16 + ऽ।

(वत्सासुर वध)

ज्यों ही वत्सासुर ने कीन्हा, वार ।
श्रीकृष्ण ने दुष्ट को दीन्हा, मार ।। 1

---

[50] **तमाल छन्द** : इस 19 मात्रा वाले महापौराणिक छन्द के चरण के अन्त में गुरु-लघु (ऽ।) मात्राएँ आती है ।

▶ लक्षण गीत : ✍ दोहा॰ मत्त उन्नीस का बना, गुरु लघु मात्रा अंत ।
सोलह कल पर यति जहाँ, "तमाल" जाना छंद ।।

12. Story of Vatsasur (Krishna's Childhood)

नारद मुनिवर का उपदेसा, टार ।
अड़ियल कंस गया था फिर से, हार ।। 2

(अंत में)

दोहा॰ मिली कृष्ण की आँख से, जभी असुर की आँख ।
रोक सका ना कँपकपी, यतन किये भी लाख ।।

नजर हटा ली असुर ने, देख न पाया और ।
जान लिया श्रीकृष्ण ने, नकली है यह चोर ।।

करीब आता जारहा, असुर कृष्ण की ओर ।
करने तीखे दाँत से, वार कृष्ण पर घोर ।।

लगा चाटने कृष्ण को, जतलाने को यार ।
थप्पथपाया कृष्ण ने, देने उसको प्यार ।।

ठीक समय को जान कर, किया असुर ने वार ।
बचा लिया श्रीकृष्ण ने, उसका दंत प्रहार ।।

विद्युत गति से कृष्ण ने, बछड़ा लिया उठाय ।
गोल घूमा कर जोर से, पटका नीचे, धाँय! ।।

नीचे गिरते वत्स वो, बना असुर विकराल ।
भाग सका ना वह कहीं, मरा वहीं तत्काल ।।

ॐ श्लोकौ

तीक्ष्णैर्दन्तैः प्रहर्तुं स कृष्णसमीपमागतः ।
बालकृष्णस्त्वहन्धूर्तम्-असुरं वत्सरूपिणम् ।।

नभसो नारदोऽपश्यत्-कृष्णलीलाः स्वचक्षुषा ।
वृत्तं सर्वं स्वयं दृष्ट्वा जानाति स यथा तथा ।।

दोहा॰ नारद मुनि आकाश से, देख रहे थे खेल ।
मंगल थे बरसा रहे, बाल कृष्ण पर फूल ।।

12. Story of Vatsasur (Krishna's Childhood)

बाल कृष्ण दोहावली गीतमाला, पुष्प 78

राग खमाज, कहरवा ताल

(किशन चरित)

स्थायी

किशन चरित की रम्य कहानी, आँखों देखी सत्य बखानी ।
नारद मुनि की वाणी ।।

अंतरा–1

आधी अँधियारी रात में आयो, बहती सरिता पार करायो ।
जमुना जी का पानी ।।

अंतरा–2

घर–घर गोकुल माखन चोरी, गोपन के संग खोलत होरी ।
गोपी कृष्ण दीवानी ।।

अंतरा–3

मोर मुकुट तिल काजल काला, पग में पायल गल वन माला ।
मुरली धुन मस्तानी ।।

अंतरा–4

कंस को नारद मुनि बतलायो, बार–बार उस को समझायो ।
एक न उसने मानी ।।

बाल कृष्ण दोहावली गीतमाला, पुष्प 79

(वत्सासुर की कथा)

स्थायी

स्वरदा ने सुंदर गाया है, नारद ने साज बजाया है ।
रतनाकर गीत रचाया है ।।

अंतरा–1

अनुचर कंस को बोले, मामा! अब पाँच बरस का है कान्हा ।
शिशु ग्वाला मधुबन जाता है, उत कान्हा गौन चराता है ।
अब अपनी पकड़ में आया है ।।

अंतरा–2

12. Story of Vatsasur (Krishna's Childhood)

तब नृप ने वत्सासुर भेजा, बोला प्राण कृष्ण के तू लेजा ।
बछड़ा बन कर आया वन में, कृष्ण घात है उसके मन में ।
ये असुर ही कंस सहाया है ।।

अंतरा–3

हरि पर वत्सासुर ज्यों झपटा, उसको हरि ने मारा लपटा ।
मारा टाँग पकड़ कर यों झटका, अरु धरती पर उसको पटका ।
वत्सासुर प्राण गँवाया है ।।

13. Story of Shri Krishna going to Vrindavan (Krishna's Childhood)

सर्ग १३

वृंदावन गमन कथा

13. Story of Shri Krishna going to Vrindavan (*Krishna's Childhood*)

♫ बाल कृष्ण दोहावली छन्दमाला, मोती 42

मदलेखा छन्द[51]

ऽ ऽ ऽ, ।। ऽ, ऽ

(वृंदावन गमन)

कान्हा संग चले हैं, सारे गोकुल वासी ।
मामाकंसा डरायो, पापी वो कुलनासी ।। 1
बाबा नंद जसोदा, प्यारा गोकुल छोड़े ।
ग्वाले गौधन लेके, श्रद्धा से कर जोड़े ।। 2

📖 कथा 📖

(वत्सासुर वध)

✍ दोहा॰ वत्सासुर जब मर गया, बचे कृष्ण के प्राण ।
गोकुल जन घबड़ा गये, अलग-अलग अनुमान ।।

सबने कोसा कंस को, बहुत करत है पाप ।
सराहना की कृष्ण की, आशीर्वाद अमाप ।।

नंद-यशोदा डर गये, देख कंस के काम ।
बोले, गोकुल बन गया, बहुत भयानक ग्राम ।।

---

[51] **मदलेखा छन्द** : इस 7 वर्ण, 12 मात्रा वाले उष्णिक छन्द के चरण में म स गण और अंत में एक गुरु वर्ण आता है । इसका लक्षण सूत्र ऽ ऽ ऽ, ।। ऽ, ऽ इस प्रकार होता है । विराम सातवे वर्ण पर होता है ।

▶ लक्षण गीत : ✍ **दोहा॰ बारह मत्ता का बना, गुरु कल से हो अंत ।
म स गण जिसके आदि में, "मदलेखा" वह छंद ।।**

13. Story of Shri Krishna going to Vrindavan (Krishna's Childhood)

कोई बोला, हम करें, वृंदावन में वास ।
कोई बोला, हम रहें, गोकुल के ही पास ।।

नंद–यशोदा ने कहा, वृंदावन है ठीक ।
ग्राम कंस से दूर है, गोकुल से नजदीक ।।

श्लोकः

तृणावर्तस्य चातङ्कं पापं वत्सासुरस्य च ।
त्रासयतो यशोदां च नन्दं गोकुलवासिनः ।। **162**/2422

(कन्हैया बोला)

दोहा॰ मामा से मैं ना डरूँ, डरते मामा कंस ।
जिसने कीन्हे पाप हैं, उसका होता ध्वंस ।।

हम गोकुल में ठीक हैं, कहीं न जाया जाय ।
दूर कछु नहीं कंस को, सब कुछ वो कर पाय ।।

लंबे उसके हाथ हैं, दृढ़ उसका विश्वास ।
जितना वो शैतान है, उतने कपटी दास ।।

कान्हा को जैसा लगा, बोला अपनी बात ।
फिर भी विधि जैसा कहे, होना है दिन रात ।।

♫ बाल कृष्ण दोहावली छन्दमाला, मोती 43

पद्धरि छन्द[52]

12 + । ऽ ।

(राधा कृष्ण मिलन)

चले वृंदावन गोकुल नाथ । गोप ब्रजवासी गौधन साथ ।। 1
सखी! मिलन राधा संग आज । नारद कीन्हे सुमंगल काज ।। 2

---

[52] **पद्धरि छन्द** : इस 16 मात्रा वाले संस्कारी छन्द के पद्धरी छंद चरण के अन्त में ज गण (। ऽ ।) आता है ।

▶ लक्षण गीत : दोहा॰ सोलह मात्रा से बना, लघु गुरु लघु कल अंत ।
यह संस्कारी वर्ग का, कहा "पद्धरी" छंद ।।

13. Story of Shri Krishna going to Vrindavan (Krishna's Childhood)

(तब, नारद जी)

✍दोहा॰ झन् झन् झन् वीणा बजी, कृष्ण! कृष्ण! स्वर गान ।
नारद मुनिवर आगये, सबने लीन्हा जान ।।

स्वागत मुनिवर! आपका, बोले बाबा नंद ।
नारद जी को देख कर, सबके मन आनंद ।।

मातु यशोदा ने कहा, बतलाओ मुनि बात ।
ऐसे संकट काल में, क्या करिये हम? तात! ।।

नारद बोले, नंद जी! करो यही तुम काम ।
वृंदावन जाकर बसो, उचित तुम्हें वह धाम ।।

नारद जी ने नंद को, देकर दृढ़ विश्वास ।
शुभ दिन भी बतला दिया, करने वहाँ निवास ।।

(तब)

✍दोहा॰ "जाओ!" जब मुनि ने कहा, "वृंदावन तुम लोग" ।
जन समझे, "है कंस का, गोकुल में भय-रोग" ।।

गोकुल में डौंडी पिटी, करने सब को ज्ञात ।
कान्हा वृंदावन चला, नंद-यशोदा साथ ।।

जाने का दिन, समय भी, नम्र जोड़ कर हाथ ।
गोकुल तज कर हैं चले, गौएँ-बछड़े साथ ।।

सुना जभी ऐलान वो, गोकुल जन दुखगात ।
बोले गोकुल के सभी, हम सब उनके साथ ।।

बिना कृष्ण के हम नहीं, कृष्ण हमारी नाव ।
जहाँ कृष्ण, हम भी वहाँ, वहीं हमारा गाँव ।।

माँ-बच्चे-बूढ़े सभी, गौएँ, बछड़े, बैल ।
बरतन, कपड़े, रोकड़ा, आटा, चावल, दाल ।।

नारद मुनिवर जानते, विधि का परम विधान ।

13. Story of Shri Krishna going to Vrindavan (Krishna's Childhood)

गोकुल लाये कृष्ण को, करने मिलन–महान ।।

बरसाने से राधिका, नारद मुनि आदेश ।
कान्हा गोकुल से चला, मिलन करत कमलेश ।।

वृंदावन को हैं चले, सबको लेकर नंद ।
कृष्ण डरत ना कंस से; उत राधा–आनंद ।।

कृष्ण डरत नहिं कंस से, जिसे कृष्ण से डाह ।
वृंदावन में कृष्ण की, राधा देखत राह ।।

 बाल कृष्ण दोहावली गीतमाला, पुष्प 80

राग रत्नाकर, कहरवा ताल 8 मात्रा

(कान्हा राधा मिलन)

स्थायी

गोकुल में कान्हा, बरसाने राधा, विधि मेल कीन्हा, वृंदावन में ।

अंतरा–1

गोकुल मेरा, दुनिया से न्यारा, दूध दधि–माखन गोपी गोप प्यारा ।
बोले कन्हैया, सुनो मेरी मैया, मैं नहीं जाना वृंदावन में ।।

अंतरा–2

कंस चरों से, मैं नहीं डरता, कंस की चिंता मैं नहीं करता ।
गोकुल वाले गोपी गोप ग्वाले, जन भोले भाले स्वर्ग मधुबन में ।।

अंतरा–3

नंद जी बाबा, यशोमती माता, नारद विधाता उन्हें समझाता ।
गोकुल दैया! छोड़के जैंया, लेकर आशा मंगल मन में ।।

अंतरा–4

विधि का विधाता, खेल रचाता, दो दिल सुहाने साथ मिलाता ।
राधा है नैया, कृष्ण खेवैया, रास रचेगा कुंज गलिन में ।।

 बाल कृष्ण दोहावली गीतमाला, पुष्प 81

(वृंदावन गमन की कथा)

स्थायी

13. Story of Shri Krishna going to Vrindavan (Krishna's Childhood)

स्वरदा ने सुंदर गाया है, नारद ने साज बजाया है ।

रतनाकर गीत रचाया है ।।

अंतरा-1

डर कर बोली जसमति मैया, अब गोकुल में डर है दैया! ।

जब कृष्ण को वो हनना चाहे, तब गोकुल में रहना काहे ।

श्रीकृष्ण हमारा जियारा है ।।

अंतरा-2

हम वृंदावन में जाएँगे, उत अपना वास बनाएँगे ।

बोऽले गोकुल वासी सारे, हम केसव के हैं बलिहारे ।

हमने भी साथ में जाना है ।।

अंतरा-3

भर भर केऽ गाड़िऽयाँ छकड़े, लेकर दाना बरतन कपड़े ।

व्रज नर नारी सब गोकुल के, जन गौअन लेकर मिल जुल के ।

हरि वृंदावन में आया है ।।

सर्ग १४
राधा के जनम-दिन की कथा

14. Story of Radha's Birthday (*Krishna's Childhood*)

♪ बाल कृष्ण दोहावली छन्दमाला, मोती 44

गजगती छन्द[53]

। । ।, ऽ । ।, । ऽ

(राधा जन्मदिन)

ब्रज-सुता रधिय के, जनम का सुदिन है ।
बिरज में मधुर सा, किशन से मिलन है ।। 1
बिरज के जन सभी, भजन वन्दन किए ।
परम नारद उन्हें, आशीर्वचन दिए ।। 2

🕉 श्लोक:

गोपाला गोकुलं त्यक्त्वा सर्वे वृन्दावनं गताः ।
तत्र राधाऽमिलत्कृष्णं तस्या जन्मदिने शुभे ।।

📖 कथा 📖

(आज)

✍ दोहा॰   वृंदावन में आज है, सुंदर सुखद प्रभात ।
शीतल चंचल बहत है, पुरवैया शुचि वात ।।

शुभ शकुनों का राज है, हैं अपशकुन उदास ।
गया अँधेरा, रश्मि से, सूरज के मुख हास ।।

---

[53] **गजगती छन्द** : इस आठ वर्ण, 10 मात्रा वाले छन्द में न भ गण और एक लघु और एक गुरु वर्ण आता है । इसका सूत्र । । ।, ऽ । ।, । ऽ इस प्रकार होता है । यति चरणांत ।

▶ लक्षण गीत : ✍ **दोहा॰ दस कल अक्षर आठ हों, लघु गुरु मात्रा अंत ।
न भ गण जिसके आदि में, कहा "गजगती" छंद ।।**

14. Story of Radha's Birthday (Krishna's Childhood)

छटा गुलाली क्षितिज पर, सुबह गुलाबी लाल ।
मेघ पंक्तियाँ सुनहली, मुदितमना दिग्पाल ।।

तुंबर किन्नर गात हैं, भूपाली रव गान ।
शंकर भोले सुनत हैं, नारद-वीणा तान ।।

सप्त स्वरों के नाद में, मगन हुआ देवेश ।
तरु पर सुमन सुगंध है, सौरभमय परिवेश ।।

तरु-बेली पर पुष्प हैं, पीले, नीले, लाल ।
रंग-बिरंगे जामनी, कुदरत करत कमाल ।।

भौंरे, मधुकर, तितलियाँ, गुंगर करते नाद ।
फूलों पर वे बैठ कर, मधु का लेते स्वाद ।।

डाल-डाल पर विहग हैं, चिड़िया, तोते, मोर ।
चहचह रव चिड़ियाँ करें, मोर मचाते शोर ।।

मधुर फलों को खात हैं, चिड़ियाँ-तोते ढेर ।
आम, अमरूद, इमलियाँ, खट्टे-मीठे बेर ।।

ओस बिंदु जो घास पर, मोती लगते गोल ।
रवि किरणों से चमकते, हीरों सम अनमोल ।।

(यों)

निसर्ग पुलकित हो उठा, कण-कण में है मोद ।
भरी हुई आनंद से, हर माता की गोद ।।

वृंदावन की सुख भरी, जनता में है हर्ष ।
सबके मन में जोश है, करने हरि के दर्श ।।

नगरी सुंदर है सजी, स्वागत का है जोश ।
शुभ मुहुर्त है आ रहा, सबके मन संतोष ।।

(प्रतीक्षा)

गोकुल वाली राह पर, खड़े हुए हैं लोग ।
नर-नारी बालक सभी, पावन है संजोग ।।

14. Story of Radha's Birthday (Krishna's Childhood)

आस-पास के ग्राम से, घोड़े गाड़ी बैल ।
प्रिय जन आये, कृष्ण से, करने मंगल मेल ।।

सड़क किनारे हैं खड़े, ग्राम-ग्राम के लोग ।
एक उन्हीं में है खड़ी, परी शुभ्र-आलोक ।।

माँ की उँगली पकड़ कर, देख रही है राह ।
उसके मन में कृष्ण से, मिलने की है चाह ।।

सीता धरती पर पुनः, यहाँ खड़ी है आज ।
रामचंद्र अवतार से, मिलने का अंदाज ।।

नाम हरि का गा रही, आज हरि हैं श्याम ।
हरि वहाँ श्री राम थे, हरि यहाँ घनश्याम ।।

(चौपाई)

मंगल प्रातर् आज खास है, कुक्कुट-रव में भी मिठास है ।
भये अपसगुन सब उदास हैं, शुभ शकुनों के मुख पे हास है ।।

अंत हुई जब रैना काली, अंधकार की नष्ट प्रणाली ।
रवि किरणों से रात जब जली, आई प्रतीक्षित सुबह उजाली ।।

सूरज दीन्ही छटा गुलाली, रंग रही है सुबह निराली ।
धरा-क्षितिज पर उभरी लाली, मेघ पंक्तियाँ सजी सुनहली ।।

साथ सूर्य के आसमान में, किन्नर तुंबर लगे गान में ।
शंकर शारद मधुर तान में, स्वर अनहद है नील गगन में ।।

हर तरुवर पर सुमन सुगंधी, सौरभ से नभनाद की संधि ।
सप्त स्वरों की सुर तुकबंदी, सुवास सुरभी की सुखनंदी ।।

रंग-रंग के पादप बेली, गुलाब चंपक पुष्प चमेली ।
पँखुड़ियाँ गिर कर अलबेली, धरती पर रंगीन रँगोली ।।

डाल-डाल पर फूल फलों पर, मँडराते अलि पंछी मधुकर ।
गूँजत कूजत भँवरे सुस्वर, भ्रमर तितलियाँ चित्रित सुंदर ।।

रवि के रश्मि पीत सुनहरे, हरियाली पर चमक उतारे ।
ओस बिंदु मणि लगते हीरे, टिमटिम जैसे नभ के तारे ।।

(अत:)
सृष्टि सारी मोद भरी है, कण-कण में इक हर्ष लड़ी है ।
जन मन दरशन आस खरी है, वृंदावन आ रहे हरि हैं ।।

नगरी सुंदर सजी खड़ी है, जन समूह की भीड़ बड़ी है ।
सबके मन में एक लड़ी है, सबको शुभ मुहूर्त की पड़ी है ।।

स्वागत करने उत्सुक नगरी, बूढ़े बालक जन नर नारी ।
ग्राम-ग्राम से गृह संसारी, एक उन्हीं में परी है प्यारी ।।

तीन साल की बाला नन्ही, फूल सी कोमल बड़ी सुहानी ।
सुंदर शोभित प्यारी मुन्नी, नाम मनोहर 'राधे रानी' ।।

ऊँगली माँ की पकड़ खड़ी है, आँखे पथ पर गड़ी पड़ी है ।
हरि दरशन की आस कड़ी है, याद उन्हीं की घड़ी-घड़ी है ।।

सीता भू पर पुन: खड़ी है, भूमि गदगद हुई बड़ी है ।
मुख में हरि! हरि! एक नाम है, हरि राम थे, हरि श्याम हैं ।।

ॐ श्लोक:

सीताऽऽगता पुनर्भूमौ अरटन्सा हरे हरे ।
हरिर्रामो हरि: श्याम: सीता राधा समे तथा ।।

बाल कृष्ण दोहावली गीतमाला, पुष्प 82

राग दुर्गा,[54] दादरा ताल

(राम हरि श्याम हरि)

---

[54] **राग दुर्गा** : यह काफी ठाठ का राग है । इसका आरोह है : सा रे म प ध सां । अवरोह है : सां ध प म रे सा ।

▶ लक्षण गीत : **दोहा॰ वर्ज्य ग नि जिस राग में, म सा वादि संवाद ।**
"दुर्गा" सुंदर राग में, ध रे स्वरों का नाद ।।

14. Story of Radha's Birthday (Krishna's Childhood)

स्थायी

राम हरि, श्याम हरि, नाम रटो घड़ी घड़ी रे ।
राम जपो, श्याम तपो, ओम् ओम् उसी का नाम है – – ।।

अंतरा-1

ओम् कहो, ओम् भजो, ओम राम नाम है – –।
भगतन सब प्यार से बोलो, राधे श्याम! सीता राम! ।।

अंतरा-2

सत्य शिवं, रुद्र शिवं, ओम् शंभु नाम है ।
भगतन सब गौर से बोलो, जै शंभो शिव शंभो ।।

अंतरा-3

वेद कहे, देव कहे, ओम् ब्रह्म नाम है ।
भगतन सब जोर से बोलो, जै सिया राम, राधे श्याम ।।

(फिर अचानक)

दोहा॰   उत्सुक थी जनता सभी, मचा रही थी शोर ।
किसी घड़ी अब आ सके, भगतन के चित चोर ।।

सभी अचानक होगये, एक निमिष में शाँत ।
कहीं यकायक खो गये, सब जन अपनी भ्राँत ।।

कीर्तन भजनन हो गये, सब के गाने बंद ।
घुँघरू का रव दूर से, पड़ा कान पर मंद ।।

गोकुल वाली सड़क पर, आभा दिखी महान ।
और सभी का उस तरफ, लगा एक टक ध्यान ।।

(फिर)

दोहा॰   गोकुल वाले आ रहे, हुआ स्पष्ट दीदार ।
आगे वाले यान में, बैठे कृष्ण कुमार ।।

जन गण सब हर्षित हुए, सबके मुख पर हास ।
जय जयकारा कृष्ण का, सबके मन उल्लास ।।

पूजा की थाली लिये, आयी ललना सात ।

सबके ताली ताल ने, कीन्हा मंगल नाद ।।

फेंकने लगे जन सभी, पुष्प सुगंधित पीत ।
मधुर गा रहे, कृष्ण के, भजनन, कीर्तन गीत ।।

(चौपाई)
सभी अचानक शाँत हो गए, कहीं यकायक भ्रांत खो गए ।
बचन कथन सब मंद हो गए, भजनन कीर्तन बंद हो गए ।।

नयन जनन के बड़े हो गए, कान सभी के खड़े हो गए ।
सुनन लगे सब कान लगा कर, इक टुक सारे ध्यान जगा कर ।।

मंद नाद आ रहा दूर से, क्षितिज उधर का भरा नूर से ।
ध्यान सभी का एक स्थान में, एक दिशा में एक ध्यान में ।।

घुँघरू का आभास हो रहा, धीरे से स्वर पास आ रहा ।
धीमा रव जब स्पष्ट हो गया, हरि का आगम दृष्ट हो गया ।।

(और फिर)
सबके मुख पर हर्ष खिल उठा, मन पर बिखरी हास की छटा ।
आतुरता से देख रहे थे, फूल बिल्व दल फेंक रहे थे ।।

हरि की जै जै बोल रहे थे, चित आनंद में डोल रहे थे ।
पूजा थाली सजा रहे थे, अविरत ताली बजा रहे थे ।।

गोकुल वाले शीघ्र गति से, बढ़े जारहे प्रीत मति से ।
भाग रहीं थीं बैल गाड़ियाँ, उन्हें देख कर बजी ताड़ियाँ ।।

सबसे आगे हरि का छकड़ा, हरि का हाथ नंद ने पकड़ा ।
उस छकड़े में जसुमति मैया, रोहिणी माँ बलदाऊ भैया ।।

उनके पीछे गोकुल वाले, प्रिय जन गण व्रजवासी ग्वाले ।
सबके पीछे गौअन वत्सन, ताल दे रहीं घुँघरू झन् झन ।।

बाल कृष्ण दोहावली गीतमाला, पुष्प 83

(राधे श्याम)

14. Story of Radha's Birthday (Krishna's Childhood)

स्थायी

राधे श्याम, राधे श्याम, राधे श्याम, कहना है ।
छोड़ चले हम गोकुल सारे, वृंदावन में रहना है ।।

अंतरा-1

मैया बोली, कृष्ण कन्हैया, मोहन मुरली वाला रे ।
गल में माला काजल काला, कान्हा व्रज का गहना है ।।

अंतरा-2

जमुना तट पर नंद का लाला, छेड़े व्रज की बाला रे ।
गोप गोपियाँ कृष्ण दीवानी, मोर मुकुट हरि पहना है ।।

अंतरा-3

माखन खावे नटखट ग्वाला, नटवर नंद गोपाला रे ।
व्रज जन का जो सबसे प्यारा, एक वो केशव किसना है ।।

अंतरा-4

नारद जी की वीणा तारें, सब पर जादू डाला रे ।
मातु यशोदा सबकी माई, राधा सबकी बहना है ।।

दोहा॰ झाँक रही थी भीड़ से, राधे रानी नाम ।
ताक रही थी कृष्ण की, आभा मंगल शाम ।।

बोली, यह तो है वही, पहिचानी अभिराम ।
याद मुझे है आ गयी, परम शाँत सुखधाम ।।

साथ चले थे राह हम, दंडक की गुमनाम ।
अवधपुरी से हम चले, मैं सीता तुम राम ।।

(चौपाई)

भीड़ से राधा झाँक रही थी, हरि की शोभा ताक रही थी ।
बोली, यह जानी पहचानी, आभा देखी हुई पुरानी ।।

अवध से लंका तक सुहानी, लौटी मेरी स्मृति पुरानी ।
मुझे याद है कहाँ मिले थे, कंटक राहें साथ चले थे ।।

बाल कृष्ण दोहावली गीतमाला, पुष्प 84

14. Story of Radha's Birthday (Krishna's Childhood)
(याद करो हरि)

स्थायी

याद करो तुम, हरि! याद करो ।
राम तुम मेरे थे, श्याम तुम मेरे हो ।।

अंतरा–1

सिया राम बन हम, अवध में मिले थे । काटों की राहें, संग चले थे ।
धर कर चले हम, बाहें, सुबाहो! । हरि तुम मेरे थे, हरि तुम मेरे हो ।।

अंतरा–2

ज्योंहि हमारे, मिलन भए थे । पिता के वचन हम, वन में गए थे ।।
दंडक में सुंदर थी, कुटिया हमारी । तब भी तुम मेरे थे, अब भी तुम मेरे हो ।।

अंतरा–3

लंका में बैठी मैं रो रही थी । सीते! सीते! तुम भी रो रहे थे ।
बिरहा की आगुन में, दोनों जले थे । तब भी तुम 'हरि' थे, अब भी तुम 'हरि' हो ।।

अंतरा–4

बरसाने मैं थी, गोकुल में तुम थे । वृंदावन में नारद मिलाए ।।
दही मैं बिलोऊँ, तुम माखन खाओ । तब भी तुम वही थे, अब भी तुम वही हो ।।

(वृंदावन में)

दोहा॰ गोकुल जन जब आगये, वृंदावन के धाम ।
स्वागत कीन्हे कृष्ण का, गाकर भजनन गान ।।

जय! जय! बोले कृष्ण की, व्रजवासी प्रिय लोग ।
पूजा करके, आरती, फिर लड्डुअन का भोग ।।

(तब)

बजा अचानक मधुर सा, वीणा का स्वर घोष ।
मुनिवर नारद होगये, प्रकट, देत संतोष ।।

मुनिवर दीन्हा कृष्ण को, मंगल आशीर्वाद ।
बाल किशन के शीष पर, रख कर दक्षिण हाथ ।।

नारद मुनिवर से तभी, बोले बालक कृष्ण ।
मुनिवर! क्या मैं आपसे, पूछूँ कुतुहल प्रश्न ।।

14. Story of Radha's Birthday (Krishna's Childhood)

(प्रश्न)

गोकुल में था आपने, कहा सह समाधान ।
मंगल दिन है आज का, आने को इस स्थान ।।

जनम-दिवस मेरा हुआ, पन्द्रह दिन के पूर्व ।
आज बताओ खास है, दिन कौनसा अपूर्व ।।

अन्तर्यामी! कृष्ण को, यद्यपि है सब ज्ञान ।
प्रश्न किया उद्देश्य से, दूर करन अज्ञान ।।

(चौपाई)

व्रज वासी जन गोकुल वाले, वृंदावन जब पहुँचे ग्वाले ।
पूजा पंडित आगे आए, स्वागत करने माला लाए ।।

पूजा मंतर कह कर सारे, 'जय जय हरि!' के बोले नारे ।
बजी अचानक वीणा तारें, मुनिवर नारद आन पधारे ।।

अचरज सारे वृंदावन में, "जय जय नारद!" सब जन मन में ।
शुभ आशिष मुनि ने जब दीन्हा, प्रश्न हरि ने उनको कीन्हा ।।

(कृष्ण नारद जी से)

गोकुल में था कहा आपने, मातु जसुदा के हि सामने ।
"आज दिवस है सबसे पावन, हरि का, वृंदावन को आवन" ।।

जनम-दिवस शुभ पँचम मेरा, पंद्रह दिन पहले ही गुजरा ।
"आज कौनसा दिन है पावन, मुझको वृंदावन में आवन" ।।

(नारद जी ने कहा)

✍दोहा॰ **नारद बोले कृष्ण को, सही तिहारा प्रश्न ।**
जिसमें हेतु पवित्र है, जन हित वाला, कृष्ण! ।।

आप स्वयं सर्वज्ञ हैं, फिर भी अज्ञ समान ।
ता की दुनिया जान ले, सत्यं सहित प्रमाण ।।

अच्छा, ते फिर जानलो, बतलाऊँ मैं बात ।
वहाँ खड़ी है वो परी, देखो उसको, तात! ।।

14. Story of Radha's Birthday (Krishna's Childhood)

खड़ी बहुत है देर से, वहाँ भीड़ में दूर ।
ताक रही है ध्यान से, तव आभा का नूर ।।

(चौपाई)

प्रश्न तुम्हारा बहुत अच्छा है, हेतु जिसमें शुभ सच्चा है ।
उत्तर उसका लोग न जाने, जानेंगे सो बनें सयाने ।।

हेतु यही है तुमरे मन का, दूर करन अज्ञान जनन का ।
अच्छा तो फिर सुनो बताऊँ, सब जन गण का हर्ष बढ़ाऊँ ।।

(देखो)

देखो कब से वहाँ खड़ी है, आई तुमसे मिलन परी है ।
दूर भीड़ से झाँक रही है, तुमरी आभा ताक रही है ।।

उसने तुमको जान लिया है, भली भाँति पहिचान लिया है ।
नाम परी का 'राधे रानी,' जनम-जनम की तुमरी जानी ।।

माँ की ऊँगली पकड़ खड़ी है, दृष्टि तुम पर अचल गड़ी है ।
कबसे उसको देख रहा हूँ, फूल सुमंगल फेंक रहा हूँ ।।

होश नहीं है उसको कोई, स्मृति अतीत में हुई है खोई ।
आओ राधा से मिलते हैं, हेतु उभय का सिध करते हैं ।।

आज राधिका तीन वर्ष की, हुई है, सुनो! बात हर्ष की ।
इसी लिए छोड़ा गोकुल है, दिवस आज का शुभ माकुल है ।।

हरि चरणन का हुआ स्पर्श है, जन्म दिवस राधे का, हर्ष है ।
वृंदावन है आज सुभागा, सोने में है आज सुहागा ।।

बाल कृष्ण दोहावली गीतमाला, पुष्प 85

(वृंदावन)

स्थायी

चरण हरि के छुए आज, वृंदावन ये सुभागा है ।
जनम-दिवस है राधे का, अजी! सोने में सुहागा है ।।

अंतरा-1

14. Story of Radha's Birthday (Krishna's Childhood)

बरसाने की कली पचरंगी, गोकुलपति के हार में लगी ।
नजारा स्वर्ग समाना है ।।

अंतरा–2

आए नारद शारद शंकर, आशिष बरसाने को मंगल ।
व्रज में मोद अपारा है ।।

अंतरा–3

हरि दरशन को नहीं आवेगा, मथुरा में ही कंस रवेगा ।
पापी बहुत अभागा है ।।

अंतरा–4

वृंदावन में नई उमंगें, इन्द्र धनु का सप्त रंग हैं ।
दिन कितना ये सुहाना है ।।

(फिर, आगे नारद जी बोले)

✍दोहा० आओ मिलते हैं उसे, करने मंगल बात ।
जान लिया उसने तुम्हें, किये बिन मुलाकात ।।

राधे रानी नाम है, जनम-जनम की मीत ।
वहाँ खड़ी है राह में, उसको तुमसे प्रीत ।।

देख रहा हूँ मैं उसे, पुष्प वृष्टि के साथ ।
खोयी है वह ध्यान में, चलिये गोकुलनाथ ।।

तीन वर्ष की लाड़ली, हुई राधिका आज ।
चलो बधाई दें उसे, छेड़ें मंगल साज ।।

वही दिवस शुभ आज है, आने को इस स्थान ।
इससे अच्छा क्या भला, हो सकता सम्मान ।।

(शुभ मिलन)

✍दोहा० मुनि ने लाया कृष्ण को, राधेरानी पास ।
प्रीत नाम के शब्द का, रचने को इतिहास ।।

हाथ मिला कर कृष्ण ने, कहा स्नेह के साथ ।
जन्म दिवस की, राधिके! तुम्हें बधाई लाख ।।

बजी हर्ष से तालियाँ, वृंदावन में लाख ।
मुनि ने की आकाश से, फूलों की बरसात ।।

(चौपाई)

आओ राधे! मिलते सुख से, प्रथम बधाई हरि के मुख से ।
मुनिवर ने फिर बड़े मोद में, राधा को ले लिया गोद में ।।

प्यार से उसको दे कर चूमा, हाथ हरि के हाथ में थामा ।
कान्हा बोला, पकड़ कलाई, "जनम-दिवस की तुम्हें बधाई" ।।

बाल कृष्ण दोहावली गीतमाला, पुष्प 86

(राधा जनम-दिन)

स्थायी

जनम दिन की राधा को देने बधाई, गोकुल से आए हैं कृष्ण कनाई ।

अंतरा-1

शंकर-किन्नर, तुंबर आए, आशीष मंगल, गुल बरसाये ।
कान्हा ने मुरली कमाल बजाई, जरा हँस के राधा, अदा शरमाई ।।

अंतरा-2

वृंदावन में, खुशी की लड़ी है, मची सबके मन में, पुलक हड़बड़ी है ।
कान्हा की सबने, मेहर मनाई, राधा की जै जै से, रौनक जमाई ।।

अंतरा-3

ऋद्धि और सिद्धि, डुलावत चामर, खा पी रहे हैं, धनी और पामर ।
लड्डू जलेबी, पुए रस मलाई, कण-कण में देखो है, प्रीत समाई ।।

बाल कृष्ण दोहावली गीतमाला, पुष्प 87

(राधा के जन्मदिन की कथा)

स्थायी

स्वरदा ने सुंदर गाया है, नारद ने साज बजाया है ।
रतनाकर गीत रचाया है ।।

अंतरा-1

जन, वृंदावन के गाए हैं, सब देव-देवता आए हैं ।

14. Story of Radha's Birthday (Krishna's Childhood)

सखी! आज मिलन है सुखदाई, बरसाने से राधा आई ।
गोकुल से कान्हा आया है ।।

अंतरा–2

ये जनम–दिवस है राधा का, उस पुनर्जन्म की सीता का ।
श्रीकृष्ण से संगम रधिया का, गंगा से जमुना नदिया का ।
नारद ने मेल कराया है ।।

अंतरा–3

शिव नारद मुनिवर आए हैं, शुभ आशिष मंगल लाए हैं ।
श्रीकृष्ण बधाई बोला है, सब व्रज जन का मन डोला है ।
ये विधि ने खेल रचाया है ।।

15. Story of the Holi Festival in Vrindavan (Krishna's Childhood)

सर्ग १५
वृंदावन-में-होली की कथा

15. Story of the Holi Festival in Vrindavan (*Krishna's Childhood*)

♪ बाल कृष्ण दोहावली छन्दमाला, मोती 45

सुनीता छन्द[55]

ऽ ऽ ऽ, ऽ । ।, ऽ । ऽ

(वृंदावन में होली)

होली वृंदावन में सखी! नीले पीले सब रंग की ।
राधा नाचे हरि संग है, रंगों में डालत रंग है ।। 1
होली वृंदावन में जली, क्रीड़ा गोपीयन की चली ।
राधा-दामोदर रास की, देखो शोभा व्रज में सखी! ।। 2

 बाल कृष्ण दोहावली गीतमाला, पुष्प 88

(आज होली है)

स्थायी

आज होली है - - -, आज होली है - - ।
आज होली है, होली है, आज होली है - - ।।
सब, कान्हा की जय बोले हैं ।।

अंतरा-1

लाल गुलाबी नीले पीले, रंग से भीनी राधा ।
गोपी के तन वसन रंगीले, धार चलाए कान्हा ।।
सब, कान्हा की जय बोले हैं ।।

---

[55] **सुनीता छन्द** : इस नौ वर्ण, 15 मात्रा वाले छन्द में म भ र गण वर्ण आते हैं । इसका लक्षण सूत्र ऽ ऽ ऽ, ऽ । ।, ऽ । ऽ इस प्रकार है । विराम 4, 5 विकल्प से पर आता है ।

▶ लक्षण गीत : दोहा॰ पन्द्रह कल, नौ वर्ण का, म भ र गणों का वृंद ।
सुंदर रचना से सजा, सुगम "सुनीता" छंद ।।

15. Story of the Holi Festival in Vrindavan (Krishna's Childhood)

अंतरा–2

ब्रज में ढोलक शोर मचाये, पायल घुँघरू बोले ।
गोपन के तन मन मतवाले, गिरिधर नाचत डोले ।। सब॰

अंतरा–3

गोप गोपिका झूलत झूले, राधा ले हिंडोले ।
आनंद में हैं सुध-बुध भूले, गोकुल के सब ग्वाले ।। सब॰

बाल कृष्ण दोहावली गीतमाला, पुष्प 89

खयाल : राग भीमपलासी, कहरवा ताल

(होली)

स्थायी

नंद का नंदन होली खेले, राधा के तन गीले रंगीले ।

अंतरा

पिचकारी के रंग फूहारे, गोप गोपिक झूलत झूले ।

कथा

(कंस-भवन में, एक दिन)

दोहा॰ गुप्त चरों ने कंस को, कही एक दिन बात ।
कान्हा गोकुल से गया, हुआ हमें है ज्ञात ।।

कृष्ण कभी भी आपसे, ना करता है बैर ।
ना है कोई भी कहीं, कृष्ण के लिये गैर ।।

वृंदावन में हैं गये, गोकुल वाले ग्वाल ।
नर-नारी छोटे-बड़े, बालक सब गोपाल ।।

स्वागत उनका था हुआ, वृंदावन में भव्य ।
हुआ न ज्यों पहले कभी, समारोह अति दिव्य ।।

ग्राम-ग्राम से लोग थे, आये श्रद्धावान ।
दर्शन करने के लिये, विद्यमान भगवान ।।

देव-देवता थे सभी, देने आशीर्वाद ।

15. Story of the Holi Festival in Vrindavan (Krishna's Childhood)

स्वागत ऐसा था हुआ, बड़े दिनों के बाद ।।

(चौपाई)

कृष्ण आपसे नहिँ है डरता, बैर आपसे भी नहिँ करता ।
कृष्ण तुम्हें कहता 'श्री मामा,' उसे नंद कहते हैं 'श्यामा' ।।

कृष्ण नंद को कहता 'बाबा,' मैया उसको कहती 'कान्हा' ।
बलराम उसे कहता है 'काला,' गोप गोपियाँ 'नंद का लाला' ।।

बाल कृष्ण दोहावली गीतमाला, पुष्प 90

(वृंदावन आयो नंदलाल)

स्थायी

वृंदावन आयो नँदलाल, गोकुल का गोपाल ।
गोकुल का गोपाल, गोकुल का गोपाल ।।

अंतरा–1

मैया कहत है उसको कान्हा, राधा मोहन नंदलाल ।
गोप गोपिका कृष्ण कन्हैया, नंद कहत मेरो लाल ।।

अंतरा–2

भैया उसको श्यामल काला, नारद हरि सत्पाल ।
दुनिया बनमाली ब्रिजबाला, कंस कहत मेरो काल ।।

अंतरा–3

कहत सुदामा जीवन नैया, मोहन नवल किशोर ।
हिरदय मम बसियो किरपाला, प्यारे मेरे यदुलाल! ।।

(होली)

दोहा॰ **वृंदावन में आज है, होली का त्यौहार ।**
डाले है सबने गले, वन्य पुष्प के हार ।।

वृंदावन में मोद है, ब्रज जन खेलत रंग ।
गोप–गोपियाँ मौज में, बाल कृष्ण के संग ।।

बाल कृष्ण दोहावली गीतमाला, पुष्प 91

15. Story of the Holi Festival in Vrindavan (Krishna's Childhood)

राग काफी,[56] कहरवा ताल 8 मात्रा

(होली)

स्थायी

सखी नंद होली का न्यारा, चले रंग-रंग की धारा ।
आनंद होली का प्यारा, करे अंग-अंग मतवारा ।।

अंतरा-1

हरि आज होली की बेला, लो पिचकारी ब्रजबाला ।
राधा के रंग में रंग-रंग लो, नंद नंद गोविंदा (ओ!) ।।

अंतरा-2

जिस रंग में राधा रंगी, कान्हा है जीवन संगी ।
होली के गीत हैं गात गोपिका, साथ बाँसुरी वाला (ओ!) ।।

अंतरा-3

सखी व्रज में मोद की वर्षा, और आज हर्ष की चर्चा ।
कान्हा के रंग में रंगी राधिका, कंज कंज व्रज सारा (ओ!) ।।

बाल कृष्ण दोहावली गीतमाला, पुष्प 92

राग होरी खमाज, ताल धमार

(होरी)

स्थायी

होरी खेड़त मेरो कान्हा, ब्रज में । रंग धमार है आज, ब्रज में ।
होरी खेड़त मेरो कान्हा, ब्रज में ।।

अंतरा-1

ग्वालिन राधा नाच नचत है । लाल गाल में- लाज लजत है ।
पिचकारी की धार, ब्रज में ।।

---

[56] **राग काफी** : यह काफी ठाठ का राग है । इसका आरोह है : सा रे ग म प ध नि सां । अवरोह : सां नि ध प म ग रे सा ।

▶ लक्षण गीत : **दोहा॰ सात स्वरों का राग ये, कोमल ग नि संजोग ।**
प स वादी संवाद का, "काफी" जानत लोग ।।

15. Story of the Holi Festival in Vrindavan (Krishna's Childhood)

अंतरा–2

बाल बाला झूला झुलत हैं । गोप नंद में गोल घुमत हैं ।
रंगन की बौछार, ब्रज में ।।

 बाल कृष्ण दोहावली गीतमाला, पुष्प 93

होरी : दीपचंदी ताल, 14 मात्रा

(होरी)

स्थायी

स्थायी

सखी संग खेड़त होरी होरी, सखी संग खेड़त होरी ।
देखो, किशन मुरारि, सखी संग खेड़त,
होरी – – – – – – – – – – ।।

अंतरा–1

चलावे पिचकारी हो किशन कन्हाई, देखे जसोदा माई ।
लाल गुलाली उड़े रंग की धारी, लाल गुलाली उड़े रंग की धारी,
कहे राधा मैं तो, हारी हारी, रंग की धारी ।।

अंतरा–2

बजावे बाँसुरी हो किशन कन्हैया, सुनै है यशोदा मैया ।
बलदाऊ सुदामा बजावै ताड़ी, संग गोप गोपी, बारी-बारी ।।

अंतरा–3

सजावे केश में हो प्रसून बैजंती, चुनरिया बसंती ।
अलबेली ललना ब्रज की नारी, मन भाए राधा, गोरी गोरी ।।

अंतरा–4

पनिया भरन चली लिए गगरिया, हो राधा ग्वालनिया ।
जमुना तट पर सुंदर प्यारी, ये श्याम की श्यामा, प्यारी प्यारी ।।

 बाल कृष्ण दोहावली गीतमाला, पुष्प 94

खयाल : बिलावल राग, कहरवा ताल 8 मात्रा

(रंग बरसे)

स्थायी

15. Story of the Holi Festival in Vrindavan (Krishna's Childhood)

राधा पे रंग बरसाए हरि, राधा पे ।

अंतरा-1

लाल गुलाबी चलत है कान्हा की, पिचकारी रंग फुआर, राधा पे ।

अंतरा-2

नीली पीली उछलत बाँवरी, गोपियन की बेशुमार, राधा पे ।

बाल कृष्ण दोहावली गीतमाला, पुष्प 95

राग : मालकंस

(लोहड़ी)

स्थायी

खेलत लोहड़ी नंदलाल मेरो, गजक मखाने खात रेवड़ी ।
खेलत लोहड़ी नंदलाल मेरो ।।

अंतरा-1

आया सुदामा नंद बलरामा, मातु जसोदा देत लोहड़ी ।
कान्हा चढ़ेगा घोड़ी ।।

अंतरा-2

आरती गाते अंबा माँ की, नाचत ग्वाले गोप गोपिका ।
राधा चुनरिया ओढ़ी ।।

बाल कृष्ण दोहावली गीतमाला, पुष्प 96

खयाल : राग वृंदावनी सारंग,[57] तीन ताल 16 मात्रा

(छम-छम घुँघरू)

स्थायी

छम-छम घुँघरू पायल बाजे, छम-छम घुँघरू पायल बाजे ।

---

[57] **राग वृंदावनी सारंग :** यह काफी ठाठ का राग है । इसका आरोह है : ऩि सा रे म प नि सां । अवरोह है : सां नि प म रे सा ।

▶ लक्षण गीत : **दोहा॰ ग ध स्वर जिसमें वर्ज्य हों, उभय नि स्वर का रंग ।**
अवरोही कोमल नि से, "वृंदावन सारंग" ।।

15. Story of the Holi Festival in Vrindavan (Krishna's Childhood)

बंसी सुंदर संग में साजे ।।

अंतरा–1

नंद का नंदन रास रचावे, राधा दीवानी ठुमक ठुमक कर, नाचे ।

अंतरा–2

वृंदावन की कुंज गलिन को, चाँद चाँदनी चमचम चमकावे ।

बाल कृष्ण दोहावली गीतमाला, पुष्प 97

राग शंकरा,[58] एकताल

(रखड़ी)

स्थायी

लाल रखड़ी पीली, बाँधी बहना मौली ।

प्रेम की रीत निभाई, आशिष दीन्हो भाई ।।

अंतरा–1

आरती कर भाई की, न्यारी बहना प्यारी ।

नाता अमर बनायी, आई रखड़ी आई ।।

अंतरा–2

गोप कहत गोपी को, न्यारी बहना प्यारी ।

गोपी मौली लायी, आई रखड़ी आई ।।

बाल कृष्ण दोहावली गीतमाला, पुष्प 98

(वृंदावन में होली की कथा)

स्थायी

स्वरदा ने सुंदर गाया है, नारद ने साज बजाया है ।

रतनाकर गीत रचाया है ।।

---

[58] **राग शंकरा :** यह बिलावल ठाठ का राग है । इसका आरोह : सा रे म प ध सां । अवरोह है : सां ध प म रे सा ।

▶ लक्षण गीत : **दोहा॰ रे म वर्ज्य आरोह में, अवरोह में म त्याग ।**
ग नि वादि संवाद में, सजे "शंकरा" राग ।।

15. Story of the Holi Festival in Vrindavan (Krishna's Childhood)

अंतरा–1

आज, ब्रिंदाबन में होली है, "जय राधेकृष्ण" की बोली है ।
सब गोप गोपिका आए हैं, बैजन्ती माला लाए हैं ।
गोपाला रास रचाया है ।।

अंतरा–2

हरि मुरली मधुर बजावे रे, गोपियन को धूम नचावे रे ।
आनंद सुदामा बाँटे रे, सब व्रज जन हँस कर लूटे रे ।
सह नंद जसोदा मैया हैं ।।

अंतरा–3

ये वृंदावन की होली है, ये नाना रंग रँगीली है ।
त्रिभुवन में डंका डाली है, ये अलबेली मतवाली है ।
ये होली का हंगामा है ।।

सर्ग १६

बाल किशन के उपनयन की कथा

16. Shri Krishna's Sacred-thread Ceremony (*Krishna's Childhood*)

♫ बाल कृष्ण दोहावली छन्दमाला, मोती 46

शशिकला छन्द[59]

।।।, ।।।, ।।।, ।।।, ।।ऽ

(कृष्ण उपनय)

शुभ समय पर उपनयन हरि का ।
पढ़ कर विधि वचन गुरुवर किया ।। 1
गुरुकुल परिसर मरकत[60] भव का ।
लख कर गदगद हिरदय शिव का ।। 2

🕉 श्लोकौ

षड्वर्षीयः किशोरः सोऽध्येतुं गुरुकुले गतः ।
वेदवेदाङ्गशास्त्राणि योगञ्च सकलाः कलाः ।।

सान्दीपनिर्गुरुस्तस्य महाभागो बहुश्रुतः ।
महायोगी दुरात्मानं दृशा भस्मीकरोति सः ।।

📖 कथा 📖

(बाल कृष्ण का छठा जन्म दिन)

✍ दोहा॰ **छह वर्षों के कृष्ण! तुम, आज हुए गोपाल ।**
बोले, बाबा नंद जी, अब न रहे तुम बाल ।।

---

[59] **शशिकला छन्द** : इस विशेष छन्द की 16 मात्रा वाले 15 अक्षरों में अन्त्य वर्ण गुरु और बाकी 14 वर्ण लघु आते हैं । इसका लक्षण सूत्र न न न न स गण से ।।।, ।।।, ।।।, ।।।, ।।ऽ इस प्रकार होता है ।

▶ लक्षण गीत : ✍ दोहा॰ **सोलह मात्रा से सजा, गुरु मात्रा से अंत ।**
न न न न स गण बसे जहाँ, वहाँ "शशिकला" छंद ।।

[60] **मरकत** = रत्न, पन्ना ।

16. Shri Krishna's Sacred-thread Ceremony (Krishna's Childhood)

गुरुकुल में भेजें तुम्हें, होंगे अब तुम छात्र ।
वेद, योग, विद्या, कला, पढ़ कर होंगे पात्र ।।

चढ़ कर चोटी ज्ञान की, सर्व शास्त्र से युक्त ।
विघ्न घोरतम से करो, मातु-पिता को मुक्त ।।

सांदीपनि आचार्य का, आश्रम स्वर्ग समान ।
गुरुवर ज्ञानी संत हैं, योगाचार्य महान ।।

(फिर, गुरुकुल में)

ज्ञानी गुरुवर कृष्ण को, परम सिखाते योग ।
शास्त्र ज्ञान-विज्ञान सब, शस्त्र कला उपयोग ।।

गुरु चरणन में कृष्ण भी, परम निष्ठ थे छात्र ।
पाकर शिक्षा कृष्ण के, दिव्य बन गये गात्र ।।

(अत:)

दोहा॰ **सीखो श्रद्धा कृष्ण से, सराहाते जग-तीन ।**
पूजा जिसकी जग करे, गुरुसेवा में लीन ।।

मठ में गुरुवर थे पिता, मातु बंधु पतवार ।
गुरुकुल में श्रीकृष्ण थे, सबके प्रिय सुखकार ।।

(गृह्यसूक्तम्)

ॐ श्लोक:

यस्मै गुरुकुले बालो गच्छति वर्णकर्मणे ।
कर्म तद्गृह्यसूक्तोक्तं बालोपनयमुच्यते ।।

(गृह्यसूक्त)

दोहा॰ **वेद अध्ययन योग की, क्रिया "जनेऊ" नाम ।**
गृह्य सूक्त में है कहा, गुरु सन्निध यह काम ।। 131

(उक्तञ्च)

ॐ श्लोक:

तस्माद्यज्ञोपवीतात्स भवति बालको द्विज: ।
पवित्रं परमं तस्य बलं संरक्षकञ्च तत् ।।

16. Shri Krishna's Sacred-thread Ceremony (Krishna's Childhood)

मनुष्यो जन्मना शूद्रः संस्काराज्जायते द्विजः ।
विप्रो भवति स्वाध्यायद्-ब्रह्मज्ञानात्स ब्राह्मणः ।।

✍दोहा॰ यज्ञोपवीत का कहा, "ब्रह्मसूत्र" उपनाम ।
याज्ञवल्क्य ऋषि ने कहा, गायत्री के नाम ।।

(तथा मनुस्मृतौ चोक्तम्)

ॐ श्लोकः
गुरुर्गुरुकुले तस्य पिता च पालकस्तथा ।
माता द्विजस्य गायत्री मौञ्जीबन्धनकारणात् ।।

✍दोहा॰ क्रिया-उपनयन-की कही, ब्रह्मचर्य की बात ।
पिता कहा आचार्य को, गायत्री को मात ।।

(सान्दीपनिः कृष्णमुवाच)

सत्यं वद । धर्मं चर । मातृदेवो भव । पितृदेवो भव ।
आचार्यदेवो भव । अतिथिदेवो भव ।
सत्यान्न प्रमदितव्यं । धर्मान्न प्रमदितव्यं । कुशलान्न प्रमदितव्यं ।
भृत्यैर्न प्रमदितव्यं । स्वाध्यायवचनं न प्रमदितव्यं ।

(सांदीपनि बोले)

✍दोहा॰ सांदीपनि गुरु ने किया, मौंजी बंधन काम ।
नारद मुनिवर साक्ष थे, गायत्री के नाम ।।

सांदीपनि ने कृष्ण को, कहा विप्र का धर्म ।
गायत्री के मंत्र भी, बटु बालक के कर्म ।।

(रत्नाकर के हिन्दी गायत्री मन्त्र)

ॐ जन्म दाता । स्वर्ग वैभव धाता । पूज्य का ध्यान हम करें ।
ब्रह्मा हम पर कृपा करें ।। 1

ॐ रवि भास्कर को जानिये । सूर्य देव को ध्याइये ।
सूरज हम पर कृपा करे ।। 2

16. Shri Krishna's Sacred-thread Ceremony (Krishna's Childhood)

ॐ एकदन्त को जानिये । वक्रतुण्ड को ध्याइये ।
दन्ती हम पर कृपा करें ।। 3

ॐ शिव प्रभु को जानिये । महादेव को ध्याइये ।
शंकर हम पर कृपा करें ।। 4

ॐ नारायण को जानिये । वासुदेव को ध्याइये ।
विष्णु हम पर कृपा करें ।। 5

ॐ धनदेवी को जानिये । श्री माता को ध्याइये ।
लक्ष्मी हम पर कृपा करें ।। 6

ॐ सरस्वती को जानिये । वाग्देवी को ध्याइये ।
विद्या हम पर कृपा करें ।। 7

ॐ गायत्री को जानिये । ब्रह्माणी को ध्याइये ।
माता हम पर कृपा करें ।। 8

 बाल कृष्ण दोहावली गीतमाला, पुष्प 99

(करो प्रणाम)

स्थायी

ब्रह्माणी श्री महाभगवती, भाग्यलक्ष्मी का धरिये ध्यान ।
गायत्री का जपियो नाम ।।

अंतरा–1

ज्ञान देवता वक्रतुंड श्री, एकदंती का धरिये ध्यान ।
गणेश जी को करो प्रणाम ।।

अंतरा–2

भालचंद्र श्री, निलकंठ प्रभु, गौरी–नाथ का धरिये ध्यान ।
उमापति को करो प्रणाम ।।

अंतरा–3

पद्मनाभ श्री, चक्रपाणि हरि, नारायण का धरिये ध्यान ।
लक्ष्मीपति को करो प्रणाम ।।

अंतरा–4

ब्राह्मी देवी कल्याणी माँ, चतुर्भुजा का धरिये ध्यान ।
जगदंबा को करो प्रणाम ।।

16. Shri Krishna's Sacred-thread Ceremony (Krishna's Childhood)

अंतरा–5

इन्द्राणी श्री विष्णुशक्ति ही, नारायणी का धरिये ध्यान ।
महालक्ष्मी को करो प्रणाम ।।

अंतरा–6

सूर्य देवता दिनेश सविता, भास्कर रवि का धरिये ध्यान ।
रश्मिपति को करो प्रणाम ।।

 बाल कृष्ण दोहावली गीतमाला, पुष्प 100

(गायत्री माता)

स्थायी

बोलो, गायत्री माता की जै, आरती तन मन से कीजै ।
किरपा देवी की लीजै ।। बोलो०

अंतरा–1

मंगल रूप सुमंगल शोभा, जाकी प्रीति सुर जन लोभा ।
बोलो, देवी माता श्री की जै, ॐ भूर्भुवः आरती कीजै ।
बोलो, देवी माता की जी जै ।।

अंतरा–2

अक्षर चौबिस परम पुनीता, वेद शास्त्र उपनिषद् गीता ।
अमृत धारा भर–भर पीजै,
ॐ भूर्भुवः आरती कीजै ।। बोलो०

अंतरा–3

पँच वदन श्वेतांबर धारी, अष्ट भुजा मन रंजन प्यारी ।
भाग्य लक्ष्मी सब दुख छीजै,
ॐ भूर्भुवः आरती कीजै ।। बोलो०

अंतरा–4

तुम लक्ष्मी स्वरदा तुम काली, तुम ब्रह्माणी तुम शेराँ वाली ।
भगत जनन की मुक्ति कीजै,
ॐ भूर्भुवः आरती कीजै ।। बोलो०

(सांदीपनि)

16. Shri Krishna's Sacred-thread Ceremony (Krishna's Childhood)

दोहा॰ पवित्र यज्ञोपवित जो, देत दूसरा जन्म ।
पहनाया श्रीकृष्ण को, देने को द्विजधर्म ।।

बोले गुरुवर कृष्ण को, बनो क्षात्र तुम आर्य ।
योगेश्वर तुम विश्व के, होंगे योगाचार्य ।।

श्लोक:

शीघ्रेण कुशलः कृष्णोऽभवच्छास्त्रविशारदः ।
प्राज्ञः षोडशविद्यानां महायोगेश्वरस्तथा ।।

बाल कृष्ण दोहावली गीतमाला, पुष्प 101

(विघ्न विनाशक)

स्थायी

मंगल पावन विघ्न विनाशक, सबसे बड़ा शुभ विवेक दायक ।
देता शाँति सुख जो महान, ज्ञान दान जगत कल्याण ।।

अंतरा-1

जग से अज्ञान का अंधियारा, मिटे ज्ञान से, हो उजियारा ।
ज्ञान दान का पावन काम, ज्ञान शारदा का वरदान ।।

अंतरा-2

सबको, हरि! तुमसे अभिलासा, करो जगत में ज्ञान प्रकासा ।
सबसे भावन है ये काम, अज्ञानी को देना ज्ञान ।।

बाल कृष्ण दोहावली गीतमाला, पुष्प 102

(कृष्ण उपनयन की कथा)

स्थायी

स्वरदा ने सुंदर गाया है, नारद ने साज बजाया है ।
रतनाकर गीत रचाया है ।।

अंतरा-1

गुरुकुल में मुनि सांदिऽपनी के, छात्र थे कृष्ण सुदामा नीके ।
अनुशीलन वेदों का करते, योग याग शास्त्रों को स्मरते ।
कान्हा को सुदामा भाया है ।।

16. Shri Krishna's Sacred-thread Ceremony (Krishna's Childhood)

अंतरा–2

जब आया अवसर शुभ घड़ी का, मौंजी-बंधन कीन्हा हरि का ।
अब अज श्री हरि द्विज श्रीधर हैं, हरि योगेश्वर सत् ईश्वर हैं ।
जो मानव रूप धराया है ।।

अंतरा–3

सब गुरुकुल के अंतेवासी, हरि को कहते सद्गुण रासी ।
जो सब छात्रों से न्यारा है, हरि सांदीपनि का प्यारा है ।
हरि योगेश्वर कहलाया है ।।

17. Story of Bakasur (Krishna's Childhood)

सर्ग १७

मायावी बकासुर की कथा

17. Story of Bakasur (*Krishna's Childhood*)

♫ बाल कृष्ण दोहावली छन्दमाला, मोती 47

जलोद्धतगति छन्द[61]

। ऽ।, ।। ऽ, । ऽ।, ।। ऽ

(बकासुर)

तडाग तट पे, बकासुर खड़ा । मुकुंद हनने, अधीरज बड़ा ।। 1
लखे किशन को, सुरारि झपटा । उठाय उसको, मुरारि पटका ।। 2

कथा

(गुप्तचरों ने कंस से कहा)

दोहा॰ गुरुकुल सुंदर है बना, रम्य झील के तीर ।
आंबाडी के विपिन में, नील जहाँ था नीर ।।

बाल कृष्ण दोहावली गीतमाला, पुष्प 103

खयाल : राग मालकंस, तीन ताल 16 मात्रा

(शीतल निर्मल)

स्थायी[1]

शीतल निर्मल नील रंग का, सलिल सुंदर झील इंद्र का ।

अंतरा

तट पर बगुले ध्यान लगाएँ ।
सूर्य किरण में चमकत चमचम, पवन मंद में जल की लहरें ।

---

[61] **जलोद्धतगति छन्द** : इस बारह वर्ण, 16 मात्रा वाले छन्द में ज स ज स गण आते हैं । इसका लक्षण सूत्र । ऽ।, ।। ऽ, । ऽ।, ।। ऽ इस प्रकार है ।

▶ लक्षण गीत : **दोहा॰ सोलह मात्रा से बना, ज स ज स गण का वृंद ।**
बारह अक्षर हों जहाँ, "जलोद्धगति" वह छंद ।।

17. Story of Bakasur (Krishna's Childhood)

रात्रि समय प्रतिबिंब चंद्र का ।।

📖 **कथा** 📖

(कंस ने गुप्तचर से कहा)

✍दोहा॰ जाना जब उस कंस ने, गुरुकुल में है कृष्ण ।
लगा सोचने योजना, करे घात अब कौन ।।

मंत्री बोले कंस को, योग्य एक है नाम ।
दास बकासुर आपका, कर सकता है काम ।।

मायावी वह दास है, लेता बगुला रूप ।
सुंदर लगे सफेद वो, मनहर विहग अनूप ।।

अद्‌भुत उसकी चोंच है, दो तलवार समान ।
टूट पड़े आखेट पर, ले ले उसकी जान ।।

काटे शीष शिकार का, तलवारों सी चोंच ।
मरे हुए आखेट को, खा जावे वह नोच ।।

(तब)

सुन कर कहना, कंस ने, भेजे अपने दास ।
पता लगाने कृष्ण का, कैसा बना निवास ।।

कहा कंस ने भृत्य को, सचेत करना काम ।
सांदीपनि मुनि तेज है, भेजेगा यम धाम ।।

दृष्टिक्षेप ही मात्र से, कर देता है भस्म ।
कर देगा क्षण मात्र में, अंतिम तुमरी रस्म ।।

(फिर एक दिन)

✍दोहा॰ लाया चर फिर एक दिन, संपूर्ण समाचार ।
कहाँ क्या करे कृष्ण वो, कैसे हो संहार ।।

कहाँ खेलता कृष्ण है, कहाँ हो सके काम ।
कहाँ बकासुर हो खड़ा, ठीक कौनसा स्थान ।।

(कंस)

17. Story of Bakasur (Krishna's Childhood)

दोहा॰ करके चर्चा दूत से, कंस को समाधान ।
कहा बकासुक को तभी, जाओ तुम उस स्थान ॥

बिना सिद्धि ना लौटना, रहे तुम्हें यह याद ।
बाल कृष्ण को मार कर, करो हमें आजाद ॥

लेकर आज्ञा दास वो, निकल पड़ा तत्काल ।
मार डालने कृष्ण को, बन कर उसका काल ॥

(नारद मुनि)

दोहा॰ उसी समय पर आगये, नारद वहाँ हठात् ।
स्वागत कीन्हे कंस ने, उन्हें जोड़ कर हाथ ॥

कहा कंस ने, देखिये, मुनिवर! मेरा दास ।
कृष्ण मारने है चला, अब तो हो विश्वास ॥

बगुला बन कर, कृष्ण का, काटेगा वो शीष ।
ले आवेगा झट यहाँ, दो हमको आशीष ॥

नारद बोले कंस को, जरा सोचिये, तात! ।
कब आएगी समझ में, तुमको मेरी बात ॥

कृष्ण मारने जारहा, तुमरा ये भी दास ।
लौट न पाएगा कभी, मुड़ कर तुमरे पास ॥

जहाँ गयी वो पूतना, और तृणाव्रत दास ।
वत्सासुर भी है गया, त्यों ही यम के पास ॥

वहीं आज ये जारहा, बगुला बन कर चोर ।
फिर भेजोगे तुम किसे, करने पातक घोर ॥

नारद बोले कंस से, "क्यों करते हो पाप ।
दास सभी मरवाओगे, और मरोगे आप" ॥

क्षमा याचलो कृष्ण से, जाकर उसके पास ।
कृष्ण देव किरपाल हैं, करलो तुम विश्वास ॥

(कंस)

✍दोहा॰ नारद मुनि को कंस ने, कहा रहो तुम शाँत ।
देखो, मुनिवर! आपको, सता रही है भ्राँत ।।

निश्चय हमरा अटल है, अडिग हमें विश्वास ।
अजर हमें संकल्प है, अथक हमारे दास ।।

अपार हमरी संपदा, अथाह बल है पास ।
अजब घमंडी कंस वो, करत रहा बकवास ।।

ॐ श्लोकौ

कंसेन प्रेषितो दुष्टः कृष्णं हन्तुं बकासुरः ।
नारदोऽकथयत्कंसं मा त्वं घातय सेवकान् ।।

हरिर्हरति दोषांश्च दुःखानि पातकानि च ।
गच्छ वृन्दावनं कंस कृष्णस्य शरणं व्रज ।।

(नारद जी)

✍दोहा॰ "तज दो मन से भ्रान्ति को, हरि हैं माँ की भाँत ।
शान्ति में ही है भला, करलो मन को शाँत" ।।

इतना कह कर कंस को, गाते वीणा गान ।
नारद नुनिवर होगये, नभ में अंतर्धान ।।

बाल कृष्ण दोहावली गीतमाला, पुष्प 104

(बेसमझ)

स्थायी

इस बेसमझ को, कैसे समझाएँ, इस नासमझ को ।

अंतरा–1

बतलाने से, ये जाने ना, समझाने पर भी माने ना ।
कैसे सुलझाएँ, इस नासुलझ को ।।

अंतरा–2

हरि की माया अपनाये ना, प्रभु की काया पहचाने ना ।
कैसे दिखलाएँ, इस नाअलखको ।।

17. Story of Bakasur (Krishna's Childhood)

अंतरा–3

अपने हठ से जरा हटे ना, अरथाने पर मूढ़ पटे ना ।
कैसे जतलाएँ, इस अड़ियल को ।।

अंतरा–4

पाप करम से ये डरे ना, धरम करम में हृदय धरे ना ।
कैसे दहलाएँ, इस नादहल को ।।

(फिर एक दिन)

दोहा॰ झील किनारे एक दिन, उस गुरुकुल के पास ।
बगुले बहुत जमा हुए, सबमें था उल्लास ।।

सब बगुले थे एक से, एक भिन्न विहंग ।
अलग सभी से अंग था, रंग–रूप अरु ढंग ।।

बाकी बगुले नीर में, पकड़ रहे थे मीन ।
एक खड़ा था तीर पर, मतलब मन में हीन ।।

एक टाँग पर सब खड़े, मछली पर था ध्यान ।
एक दुलत्ती पर खड़ा, गुरुकुल पर अवधान ।।

बाकी बगुले झुंड में, जैसे एक कुटुंब ।
एक, अकेला था खड़ा, करत रहा था दंभ ।।

(तब)

जान गये बगुले सभी, इस बक का पाखंड ।
सांदीपनि गुरु ने तभी, देखा खग उद्दंड ।।

गुरुवर यदि तब चाहते, कर देते खग भस्म ।
दृष्टिक्षेप ही मात्र से, करते उसको खत्म ।।

(मगर)

सोचा गुरुवर ने मगर, देखूँ उसके काम ।
कृष्ण योग से सिद्ध है, उसको सब है ज्ञान ।।

वही करेगा सामना, वह है योगाचार्य ।
योगेश्वर श्रीकृष्ण है, वही करेगा कार्य ।।

नभ से नारद देखते, पुष्प कृष्ण पर फेंक ।
आशिष थे बरसा रहे, शुभ मंगल प्रत्येक ।।

बाल कृष्ण दोहावली गीतमाला, पुष्प 105

(जय नारायण)

स्थायी

जै जै बोलो नारायण की, विष्णु विश्व के स्वामी हैं ।
जै जै बोलो रामायण की, जिष्णु अंतर्यामी हैं ।।

अंतरा–1

जय जय बोलो विश्व विधाता, जगदीश्वर की जय जय जै ।
जय जय बोलो आदि देवता, योगेश्वर की जै जै जै ।।

अंतरा–2

जय जय बोलो सब सुख करता, करुणाकर की जय जय जै ।।
जय जय बोलो सब दुख हरता, कमलेश्वर की जै जै जै ।।

अंतरा–3

जय जय बोलो मोहन मुरली, दामोदर की जय जय जै ।
जय जय बोलो गिरिधर माधव, विश्वंभर की जै जै जै ।।

(गुरुकुल में)

दोहा॰ सीख रहे थे छात्र सब, शास्त्र कलाएँ आठ ।
गुरुकुल में थे पढ़ रहे, रामायण का पाठ ।।

पढ़–लिख कर अभ्यास वो, हुआ जभी अवकाश ।
बाहर आये छात्र वे, लेने सूर्य प्रकाश ।।

खेल–कूद में छात्र थे, लगे विविध प्रकार ।
देख रहा था असुर वो, हर शिशु का आकार ।

एक छात्र उनमें दिखा, विशेष जिसका ढंग ।
मोर मुकुट है शिष पर, कृष्ण–साँवला रंग ।।

गल में माला पुष्प की, कटि पीतांबर पीत ।
निरख रहा था असुर वो, समय रहा था बीत ।।

(फिर)

दोहा॰ गेंद खेलने जब लगे, छात्र सहित उल्लास ।
खिसक रहा था असुर वो, बाल कृष्ण के पास ।।

पग-पग वो था बढ़ रहा, विहग बकासुर चोर ।
देख रहे थे बक सभी, उस राक्षस की ओर ।।

देख रहे गुरुवर उसे, गुरुकुल से हर बार ।
नारद मुनि आकाश से, नजर रहे थे डार ।।

(तब)

दोहा॰ गेंद फेंक दी कृष्ण ने, शठ बगुले की ओर ।
पीछे भागे पकड़ने, अनजाने की तौर ।।

गयी गेंद जब लुढ़कती, उस बगुले के पास ।
गेंद उठा कर असुर ने, लीन्ही सुख की साँस ।।

(कृष्ण बकासुर संवाद)

दोहा॰ कहा कृष्ण ने असुर से, सुन लो मेरी बात ।
तज दो करना पाप ये, टालो आतम घात ।।

अब भी बिगड़ा कछु नहीं, दे दो चुप कर गेंद ।
भले-बुरे तुम कर्म में, जानो प्यारे! भेद ।।

(मगर)

दोहा॰ सुना न कहना कृष्ण का, बोला उल्टी बात ।
आया हूँ मैं मारने, तुम्हें चोंच के साथ ।।

इतना कह कर असुर ने, किया कृष्ण पर वार ।
विद्युत गति से कृष्ण ने, किया पलट प्रतिकार ।।

नीचे झुक कर कृष्ण ने, लगने न दिया प्रहार ।
चोंच फाड़ कर विहग की, दिया असुर को मार ।।

श्लोकः

अनुकूलं क्षणं प्राप्याक्राम्यत्कृष्णं बकासुरः ।
विद्युद्गत्या तु कृष्णेन चञ्चुं छित्वा बको हतः ।।

17. Story of Bakasur (Krishna's Childhood)

(तत:)

दोहा० मरते क्षण में असुर का, लौटा मूल स्वरूप ।
       भाग सका ना वो कहीं, गिरा धरा पर चुप्प ।।

       टूट पड़े बगुले सभी, खाने उसका माँस ।
       नोच-नोच कर गात को, कीन्हा उसे खलास ।।

(गुरुवर बोले)

दोहा० गुरुवर ने श्रीकृष्ण को, आशिष दिये अनेक ।
       बोले, तुम आदर्श हो, छात्र जगत में एक ।।

 बाल कृष्ण दोहावली गीतमाला, पुष्प 106

(सांदीपनि)

स्थायी
आज हमारे ध्येय सफल हैं, हरि के सहारे, हाथ सबल हैं ।

अंतरा-1
योग तंत्र तप हरि ने लीन्हे, वेद शास्त्र सब अर्जित कीन्हे ।
प्राप्त हरि को, ज्ञान सकल है ।।

अंतरा-2
खैर नहीं है अब असुरों की, मिलेगी सजा सब कसूरों की ।
सदाचार की जीत, अटल है ।।

अंतरा-3
श्याम हमारा योगाचार्य है, सत् कृतकार्य है, सुकृत आर्य है ।
सिद्धि साधना, साध्य सरल है ।।

 बाल कृष्ण दोहावली गीतमाला, पुष्प 107

(बकासुर की कथा)

स्थायी
स्वरदा ने सुंदर गाया है, नारद ने साज बजाया है ।
रतनाकर गीत रचाया है ।।

अंतरा-1
श्री कृष्ण का गुरुकुल में आना, उस दुष्ट कंस ने जब जाना ।

17. Story of Bakasur (Krishna's Childhood)

"बकासुर! तुम जाओ, अरु काट कृष्ण का सिर लाओ ।
अब, कृष्ण पास में आया है" ।।

अंतरा–2

कंसराज को नारद बोले, नृप! बार–बार क्यों ये रोले ।
यों पाप घड़ा क्यों भरते हो, नृप! आत्मघात क्यों करते हो ।
पर, बात वो मान न पाया है ।।

अंतरा–3

झील किनारे बकासुर है, हरि कोऽ हनने को अति आतुर है ।
ज्यों ही हरि पर बगुला झपटा, चोंच फाड़ कर हरि ने पटका ।
उस, कंस ने दास गँवाया है ।।

सर्ग १८
मायावी अघासुर की कथा
18. Story of Aghasur (*Krishna's Childhood*)

♪ बाल कृष्ण दोहावली छन्दमाला, मोती 48

कमलविलासिनी छन्द[62]

।।।, ।ऽ।, ।ऽ।, ।ऽऽ

(अघासुर)

अनुचर को मथुरापति भेजा ।
अनुमति दी, "हरि के असु[63] लेजा" ।। 1
असुर छली कर धारण माया ।
अजगर-रूप अघासुर आया ।। 2

📖 कथा 📖

(बकासुर)

✍ दोहा॰ असुर बकासुर जब मरा, मथुरा में था शोर ।
वृंदावन में जशन था, "मरा बकासुर चोर" ।।

कंस बहुत क्रोधित हुआ, मगर न माना हार ।
बोला, अब तो कृष्ण को, डालेंगे हम मार ।।

(सभा)

---

[62] **कमलविलासिनी छन्द :** इस बारह वर्ण, 16 मात्रा वाले छन्द के चरण में न ज ज य गण आते हैं । इसका लक्षण सूत्र ।।।, ।ऽ।, ।ऽ।, ।ऽऽ इस प्रकार है । इसमें 5, 7 पर विराम वैकल्पिक होता है ।

▶ लक्षण गीत : ✍ **दोहा॰ सोलह मात्रा से हुआ, बारह अक्षर छंद ।**
जाना "कमलविलासिनी," न ज ज य गण का वृंद ।।

[63] **असु** (सं) = (हिन्दी) प्राण ।

18. Story of Aghasur (Krishna's Childhood)

✍दोहा॰ भरी सभा जब कंस की, लीन्हा निश्चय घोर ।
मारेंगे हम कृष्ण को, उसी झील की छोर ।।

शोक सभा जब थी भरी, भरा कंस दरबार ।
याद बकासुर को किया, सबने मार दहाड़ ।।

याद बकासुर को किया, और किया सत्कार ।
रोना-धोना जब हुआ, हुआ विमर्श-विचार ।।

एक ने कहा मार दें, सांदीपनि मुनि आज ।
कहा एक ने कृष्ण को, अगवा सही इलाज ।

एक ने कहा मारिये, गुरुकुल के सब लाल ।
बच न सकेगा कृष्ण भी, मरे कंस का काल ।।

मंत्री गण सबने कहा, एक अघासुर नाम ।
कर सकता है दास ये, सहज सयश यह काम ।।

मायावी यह असुर है, तुरत बदलता रूप ।
कभी स्वल्प सा साँप तो, फिर अजगर अहि भूप ।।

खा जावेगा कृष्ण को, बिना किये कछु शोर ।
फिर न बजेगी बाँसुरी, बचे न माखन चोर ।।

(नारद जी)

✍दोहा॰ नारद जी थे सुन रहे, उनके सब आलाप ।
बोले मुनिवर कंस से, क्यों करते हो पाप ।।

मरी तिहारी पूतना, हुआ तृणाव्रत घात ।
बचा न वत्सासुर तथा, गया बकासुर भ्रात ।।

क्यों यह भाई भेजते, करने आतम घात ।
जाएगा यह बंधु भी, मानो मेरी बात ।।

प्यारे नृपवर! मानलो, करो न देर फिजूल ।
क्षमा माँगलो कृष्ण से, करलो पाप कबूल ।।

18. Story of Aghasur (Krishna's Childhood)

ॐ श्लोकः

कंसेन प्रेषितो हन्तुं ततः कृष्णमघासुरः ।
ग्रसेत वाहसो भूत्वा बालकृष्णं स पूर्णतः ।।

(कंस)

दोहा॰ कंस न माना बात वो, व्यर्थ उसे अभिमान ।
बोला, मुनिवर! मानलो, हम हैं आयुष्मान ।।

मायावी मम दास है, अजगर यह बन जाय ।
निगले नर-पशु सहज ये, कृष्ण न अब बच पाय ।।

देखो, सेवक जारहा, मेरा सच्चा दास ।
मुझे करेगा अमर ये, मुझको है विश्वास ।।

नारद बोले कंस से, यह भी लौटन आय ।
विनाश जिसका लिखित है, बात समझ ना पाय ।।

तथास्तु कह कर चल पड़े, मुनिवर बैकुठ स्थान ।
वीणा की मधु तान पर, गाते जै जै गान ।।

ॐ श्लोकौ

ब्रूते वै नारदः कंसं कृष्णस्य शरणं व्रज ।
कथं त्वं नैव जानासि हन्तुं कृष्णं न शक्ष्यसे ।।

हरिर्हरति पापानि दोषांश्च दुर्गुणांस्तथा ।
शरण्यस्तु हरिस्तस्माद्-भवतारणकारणात् ।।

बाल कृष्ण दोहावली गीतमाला, पुष्प 108

(हरि पाप को हरता है)

स्थायी

रे हरि सभी, पाप को हरता है, दे के सद्गति ताप वो झरता है ।

अंतरा-1

आए शरण जो हरि चरणन की, आस धरे जो प्रभु दरशन की ।
उसे हरि, छत्र में धरता है ।।

18. Story of Aghasur (Krishna's Childhood)

अंतरा-2
तोड़ के बंधन मोह पाश के, जोड़ के नाता संत जनों से ।
उसे हरि, नेह से भरता है ।।

अंतरा-3
छोड़ा तन से लोभ क्रोध को, जोड़ा मन में आत्म बोध को ।
उस पर, पुण्य उभरता है ।।

(एक दिन)

दोहा॰ उस गुरुकुल के पास में, उसी झील की छोर ।
पगडंडी थी गुजरती, सघन विपिन की ओर ।।

असुर अघासुर आगया, इक दिन जब थी भोर ।
हरा साँप बन कर छिपा, हरी घास में चोर ।।

बनना छोटे साँप से, अजगर रूप विशाल ।
हुनर अघासुर का यही, करता रहा कमाल ।।

जाना था वह, कृष्ण ने, लघु-दीर्घ-काय योग ।
होगा अब इस योग का, अघासुर पर प्रयोग ।।

सांदीपनि मुनि ने किया, हरि को योग प्रदान ।
योग यही हनुमान का,[64] किया बहुत कल्यान ।।

सांदीपनि ने असुर का, तुरत जान कर काम ।
उपाय सोचा, दुष्ट का, करने काम तमाम ।।

शिष्यों से मुनि ने कहा, जाओ करने सैर ।
सांदीपनि मुनि जानते, असुर की नहीं खैर ।।

आठ साल के कृष्ण पर, करने आज प्रयोग ।
भेजा वन की राह पर, व्यवहृत करने योग ।।

(श्रीकृष्ण)

शिशुगण लेकर चल पड़े, कृष्ण मुरारी आज ।

---

[64] **लघु-दीर्घ-काय योग** = देखिये रामायण दोहावली, कथा 84.

18. Story of Aghasur (Krishna's Childhood)

पगडंडी पर जारहे, दीन्हा गुरु ने काज ।।

पगडंडी है गुजरती, झील किनारे दूर ।
नील नीर है झील का, लाल कमल के फूल ।।

पथ की दूजी छोर पर, वृक्ष-लता कासार ।
सुमन समुंदर सुंदर सा, स्वर्ग भूमि का सार ।।

डाल-डाल पर विहग हैं, कलरव करते बोल ।
भ्रमर तितलियाँ पुष्प पर, मँडराते हैं गोल ।।

धरती हरियाली ढकी, खेल रहे खरगोश ।
दृश्य मनोहर विपिन का, देता मन को तोष ।।

जल लहरों पर लसित है, सूर्य किरण का स्पर्श ।
सौरभ वन में है घना, कण-कण में है हर्ष ।।

उमंग है वन में भरी, स्वर्ग समान ललाम ।
विपिनविहारी विपिन में, आज विराजे श्याम ।।

(चौपाई)

शिशुगण ले कर पगडंडी पर, चले विपिन में बालक श्रीधर ।
राह घूमती झील किनारे, बढ़ी विपिन में धीरे-धीरे ।।

एक किनारे पुष्कर जल का, झुंड नीर में नील कमल का ।
अपर किनारे झाड़ी सुंदर, तरु बेलें अरु कुसुम समुंदर ।।

डालडाल पर खग रव प्यारा, भ्रमर गुंजरव निनाद न्यारा ।
शशक गिलहरी इत उत भटके, कपि पादप-पादप पर लटके ।।

वन की माटी संपद् काली, धरती पर थी मृदु हरियाली ।
पुष्प सुगंधित सौरभ वन में, स्पर्श हर्ष का हर कण-कण में ।।

नभ निरभ्र शुभ नील रंग का, हर तरंग में दम उमंग का ।
सूर्य प्रकाशित धरती अंबर, सकल विपिन शुभ शोभित सुंदर ।।

मंद पवन शीतल पुरबैया, सृष्टि देवता स्वर्ग रचैया ।

माया वन में आज नियारी, विपिन विराजे विपिनविहारी ।।

बाल कृष्ण दोहावली गीतमाला, पुष्प 109

राग मुल्तानी[65] कहरवा ताल 8 मात्रा

(मधुबन)

स्थायी

मधुबन माया आज नियारी, विपिन में आए विपिनविहारी ।

अंतरा-1

आज है वन की शोभा सुंदर, खिला विपिन में सुमन समुंदर ।
भूमि पर मृदु हरी हरियाली, भ्रमर तितलियाँ डारी-डारी ।।

अंतरा-2

रंग-रंग के फूल गुलाबी, लाल बैंगनी पीत गुलाली ।
महक गुलों की वन में बिखरी, स्वर्ग हूबहू शोभा निखरी ।।

अंतरा-3

आज विपिन में खग रव न्यारा, गुँजर हरि के नाम का प्यारा ।
साथ बजावे मधुर बांसुरी, मुरली मनोहर, हरि मुरारी ।।

दोहा॰ **विपिनविहारी हैं चले, पीत पितांबर धार ।**
पग में पायल घुँघरू, मोर मुकुट शृंगार ।।

कृष्ण मुरारी वन चले, विपिन करत सत्कार ।
प्रसन्न है वन देवता, मुदितमना संसार ।।

कृष्ण बजावत बाँसुरी, सुर मधुर मनहार ।
सुनत खग-पशु विपिन के, माया रम्य अपार ।।

(चौपाई)

चले विपिन में कुंज बिहारी, कटि पर पीत पितांबर धारी ।

---

[65] **राग मुल्तानी** : यह बिलावल ठाठ का राग है । इसका आरोह है : ऩि सा ग॒ मं प, नि सां । अवरोह है : सां नि ध॒ प, मं ग, रे सा । इस राग में भी बिहाग राग की तरह से तीव्र मं स्वर आता है ।

▶ लक्षण गीत : **दोहा॰ रे ग ध कोमल तीव्र मा, बिना रे ध आरोह ।**
प सा वादि संवाद से, "मुल्तानी" का मोह ।।

कानन कुंडल गल में माला, गाल पे काजल का तिल काला ।।

आज पधारे वन बनवारी, मुरली मनोहर श्याम मुरारी ।
वन में शुभ चित्पावन ज्योति, अणु-अणु है चेतन का मोती ।।

आनंदित हैं सब तरु पशु पक्षी, हरि चरणन के दर्शन कांक्षी ।
बन में सच्चिदानंद माधुरी, कृष्ण बजाई मधुर बाँसुरी ।।

बाल कृष्ण दोहावली गीतमाला, पुष्प 110

(बाजे विपिन में मुरली)

स्थायी

बाजे विपिन में मुरली सुखारी, आयो खेलन कृष्ण मुरारी ।

अंतरा-1

गोप वृंद के साथ पधारे, मोहन प्यारे नाथ हमारे ।
लाए वन में हर्ष फूआरे, राधा के हरि कृष्ण मुरारी ।।

अंतरा-2

मोर पंख का मुकुट है धारे, फूल चमेली बालों में प्यारे ।
सुंदर मूरत मंगलकारी, मुरली मनोहर कृष्ण मुरारी ।।

अंतरा-3

बाल किशन कान्हा व्रज वासी, नंद का लाला विघ्न विनाशी ।
बंसी बजावे हिरदय हारी, कुंज बिहारी कृष्ण मुरारी ।।

(फिर)

दोहा॰ सुन कर मुरली कृष्ण की, असुर हुआ तैयार ।
अजगर बन कर राह में, विशाल मुख को फाड़ ।।

निगला उसने कृष्ण को, बच्चों सकल समेत ।
चले जा रहे पेट में, कृष्ण कुमार सचेत ।।

विद्युत गति से आगये, गुरुवर अजगर देख ।
नारद मुनिवर भी वहाँ, आये बिजली वेग ।।

(अघासुर)

सांदीपनि मुनि ने कहा, बच्चों को दे छोड़ ।

18. Story of Aghasur (Krishna's Childhood)

अजगर बोला गर्व से, कृष्ण रहा दम तोड़ ।।

अमर हो रहा कंस है, बचे न कृष्ण तिहार ।
करलो तुम जो हो सके, बिगड़े कछु न हमार ।।

(सांदीपनि मुनि)

सुन कर कहना असुर का, सांदीपनि को खेद ।
दे दी आज्ञा कृष्ण को, करने को विच्छेद ।।

करने को दी अनुमति, लघु-दीर्घ-काय योग ।
तथास्तु कह कर कृष्ण ने, कीन्हा योग प्रयोग ।।

आज्ञा पाकर कृष्ण ने, किया विशाल रूप ।
काया अजगर की फटी, लौटा असुर स्वरूप ।।

❀ श्लोक:

भूत्वाऽसुरः शयुः सर्पः कृष्णं पूर्णमभक्षयत् ।
कृत्वा दीर्घं वपुः कृष्णः सर्पं छित्वा ह्यमुञ्चत ।।

 दोहा० कीन्हा अर्पण विश्व को, श्री हनुमान प्रयोग ।
सद् गुण रक्षण काज में, "लघु-दीरघ-तन" योग ।।

अघासुर मरा जान कर, वृंदावन में हर्ष ।
गुण गाये श्रीकृष्ण के, सबने पूरण जोश ।।

(चौपाई)

"अघासुर मरा! अघासुर मरा!" वृंदावन में हर्ष है भरा ।
सबने हरि के सद्गुण गाये, गुरुवर-मुनिवर के ऋण ध्याये ।।

🌹 बाल कृष्ण दोहावली गीतमाला, पुष्प 111

(ब्रह्म गुरु)

स्थायी

ब्रह्म गुरु अरु विष्णु गुरु, शंभु सदाशिव गुरु ही हैं ।
आत्म गुरु परमात्म गुरु, बिना गुरु भव अपार है ।।

अंतरा-1

राम गुरु है, श्याम गुरु है, गुरु सरस्वती माता ।

निर्विकार गुरु, निरंकार गुरु, गुरु ज्ञान का दाता ।

गाओ गुरु गुण, ध्याओ गुरु ऋण, पार भँवर का गुरु ही है ।।

अंतरा–2

ज्ञान सिखाए, राह दिखाए, गुरु मन का उजियाला ।

भाग्य जगाए, पुण्य लगाए, गुरु सत् का प्रतिपाला ।

छाँव गुरु है, नाव गुरु है, तार भँवर का गुरु ही है ।।

अंतरा–3

तन सब गुरु का, मन सब गुरु का, कण–कण अर्पण काया ।

भान गुरु से, मान गुरु से, गुरु चरणों की माया ।

भाई गुरु है, माई गुरु है, आधार भव का गुरु ही है ।।

बाल कृष्ण दोहावली गीतमाला, पुष्प 112

(अघासुर की कथा)

स्थायी

स्वरदा ने सुंदर गाया है, नारद ने साज बजाया है ।

रतनाकर गीत रचाया है ।।

अंतरा–1

श्रीकृष्ण बकासुर को मारा, फिर भी वो कंस नहीं हारा ।

तब कहा, "अघासुर! तुम जाओ, अरु बाल कृष्ण को ले आओ ।।

अब कृष्ण का मुत्यु आया है" ।।

अंतरा–2

मुख फाड़े पथ में लेटा है, जस घड़ियाली का बेटा है ।

श्रीकृष्ण को अजगर निगल गया, अरु बोला, "अब मैं सफल भया ।

नभ वाणी को झूठलाया है" ।।

अंतरा–3

मुनिवर ने कृष्ण को दी आज्ञा, दीर्घ देह करने की प्रज्ञा ।

फिर कृष्ण ने दीर्घा की काया, अरु पेट फाड़ बाहर आया ।

उस कंस ने दास गँवाया है ।।

18. Story of Aghasur (Krishna's Childhood)
NOTES

www.ingramcontent.com/pod-product-compliance
Lightning Source LLC
Chambersburg PA
CBHW080021110526
44587CB00021BA/3514
9781897416945